Wilfried Mannek

So viel ist Ihr Haus wert

Kauf, Verkauf, Steuern, Erbschaft:
Den richtigen Verkehrswert ermitteln

Mit praktischen Hinweisen zur ImmoWertverordnung

6., aktualisierte Auflage

WALHALLA Rechtshilfen

WALHALLA
FACHVERLAG

Bibliografische Information der Deutschen Nationalbibliothek
Die Deutsche Nationalbibliothek verzeichnet diese Publikation in der Deutschen Nationalbibliografie; detaillierte bibliografische Daten sind im Internet über http://dnb.dnb.de abrufbar.

Zitiervorschlag:
Wilfried Mannek, So viel ist Ihr Haus wert
Walhalla Fachverlag, Regensburg 2013

Hinweis: Unsere Werke sind stets bemüht, Sie nach bestem Wissen zu informieren. Die vorliegende Ausgabe beruht auf dem Stand von September 2013. Verbindliche Auskünfte holen Sie gegebenenfalls bei Ihrem Steuerberater oder Rechtsanwalt ein.

6., aktualisierte Auflage

Produktion: Walhalla Fachverlag, 93042 Regensburg
Umschlaggestaltung: grubergrafik, Augsburg
Druck und Bindung: Westermann Druck Zwickau GmbH
Printed in Germany
ISBN 978-3-8029-3495-7

PEP-WDZ-0913-95-POD

Schnellübersicht

Den Verkehrswert profitabel nutzen

Endlich können Sie den realistischen Wert einer Immobilie selbst berechnen. Profitieren Sie dabei von den Tricks und vermeintlich geheimen Quellen der Gutachter für Grundstückswerte. Wenden Sie die folgenden Konzepte und Regeln sinnvoll und vorteilhaft an, um sich im Immobiliengeschäft immer schnell und richtig entscheiden zu können.

Sichern Sie sich die attraktivsten Vorteile, indem Sie den Verkehrswert eines Grundstücks zügig, einfach und trotzdem hinreichend genau berechnen. Lassen Sie sich dabei aber nicht täuschen. „Rechnen" allein reicht nicht aus. Gute und realistische Ergebnisse erzielen Sie nur, wenn Sie neben den rechnerischen Methoden in der Lage sind, den Grundstückswert zu schätzen.

Allerdings heißt schätzen nicht „raten". Unverzichtbar sind rechnerische Grundlagen und bestimmte Profi-Methoden. Besonders interessant sind dabei die professionellen Faustregeln der Gutachter, die Sie in bestimmten Fällen anwenden können. Oft helfen bereits einfache Methoden, um einen realistischen und verlässlichen Wert für ein Grundstück zu finden. Nicht immer müssen Sie in die tiefsten Einzelheiten der Verkehrswertermittlung vordringen.

Berücksichtigt sind auch die Änderungen durch die sogenannte Immobilienwertermittlungsverordnung, die die bisher geltende Wertermittlungsverordnung zum 1. 7. 2010 abgelöst hat.

Beobachten Sie ständig aktiv den aktuellen Grundstücksmarkt. Erfahrungsgemäß ist eine genaue Kenntnis der Kaufpreise von Grundstücken in Ihrer Region die beste Grundlage für eine optimale Schätzung. Fehlen regionale Kenntnisse, kann die Bewertung leicht in eine „Steinezählerei ohne Marktbezug" abdriften. Lesen Sie in den einzelnen Kapiteln, wie Sie in der Praxis erfolgreich vorgehen.

Wilfried Mannek

Abkürzungen

AfA	Absetzung für Abnutzung
BauGB	Baugesetzbuch
BGBl.	Bundesgesetzblatt
cbm	Kubikmeter
DCF	Discounted-Cash-Flow
DIN	Deutsche Industrie Norm
DM	Deutsche Mark
EUR	Euro
ImmoWertV	Immobilienwertermittlungsverordnung
m	Meter
M	Mark
qm	Quadratmeter

Was Sie wissen müssen

Realistische Verkehrswerte

Wie wertvoll ist eine Immobilie wirklich? Sie als Grundstückseigentümer oder -käufer stellen sich sicherlich hin und wieder diese Frage. Allerdings wollen Sie im Allgemeinen allein aus Kostengründen nicht jedesmal Ihre Neugierde mit einem formell erstellten Gutachten befriedigen. Denn jeder Sachverständige hat seinen Preis. Die Qualität des Gutachtens hängt aber weder vom Umfang noch vom Preis ab. Das Geheimnis guter Bewertungen liegt oft in wenigen Fakten.

Praxis-Tipp:

Ein formelles Gutachten ist keine Garantie für den Preis, der tatsächlich auf dem örtlichen Grundstücksmarkt erzielt werden kann.

Der „Verkehrswert" eines Grundstücks liegt manchmal etwas im Nebel. Das hat zwei gute Gründe:

- Jedes Grundstück ist einmalig und wird nicht auf dem Ladentisch gehandelt.
- Grundstücke werden im Vergleich zu Aktien naturgemäß seltener verkauft, so dass ein „Kurswert" nicht annähernd feststellbar ist.

Sie können den Verkehrswert jedoch relativ einfach berechnen. Dabei dürfen Sie nicht allzu überspitzte Anforderungen an das Ergebnis stellen. Auch hierfür gibt es zwei gute Gründe:

- Sie kennen den wirklichen Marktwert erst dann, wenn das Grundstück tatsächlich verkauft wird und ein Kaufpreis vorliegt.
- Selbst professionelle Gutachter können bei ein und demselben Grundstück zu völlig unterschiedlichen Ergebnissen kommen.

Die große Bandbreite der Verkehrswerte bei ein und demselben Grundstück liegt bei den Gutachtern im Allgemeinen am sogenannten „sachverständigen Ermessen". Je nach Auftragslage, Bewertungsanlass oder Bewertungszweck muss ein Sachverständiger sein Ermessen unterschiedlich anwenden und zu unterschiedlichen Ergebnissen kommen.

Beispiel:

Sie beauftragen einen Sachverständigen, Ihr Grundstück zu bewerten, und teilen ihm mit, dass Sie die Absicht haben, das Grundstück zu verkaufen.

Bei der Wertermittlung des Gutachters interessiert Sie weniger der tatsächliche Wert des Grundstücks. Sie wollen in erster Linie wissen, zu welchem Preis Sie das Grundstück mindestens verkaufen müssen, um keinen wirtschaftlichen Verlust zu erleiden. Den Rest überlassen Sie Ihrem persönlichen Verhandlungsgeschick und versuchen im Verkaufsgespräch einen wesentlich höheren Kaufpreis zu erzielen, als der Gutachter Ihnen als unterstes Limit ausgerechnet hat.

Die unterschiedlichen Ergebnisse der Profis sind daher nicht auf mangelnde Sachkenntnis zurückzuführen, sondern auf den unterschiedlichen Auftragszweck. Auch die teilweise recht unterschiedliche Einschätzung der Gebäude spielt eine Rolle. Das liegt daran, dass unterschiedliche Sachverständige mitunter verschiedene Tabellenwerte zugrunde legen.

Praxis-Tipp:

Sie können für Ihre persönliche Entscheidung festhalten, dass auch ein formelles Gutachten nicht zu einem über alle Zweifel erhabenen Preis führt, den Sie mit Sicherheit am Grundstücksmarkt genauso erzielen können. Der „Verkehrswert“ des Wertgutachtens ist vielmehr mit einer „unverbindlichen Preisempfehlung“ zu vergleichen. Der Wert kann, muss jedoch keineswegs bei einem Verkauf der Immobilie realisiert werden. Denn der Kaufpreis entspricht nicht dem „Verkehrswert“, sondern dem „Marktwert“.

Sie benötigen nicht in jedem Fall ein formelles Gutachten, meist reicht Ihre eigene Berechnung aus. Vorteilhafte Entscheidungen können Sie in fast allen Fällen nur treffen, wenn Sie den Wert Ihres Grundstücks nach anerkannten Methoden ermittelt haben.

Verzichten Sie auf ein formelles Gutachten

Ein formelles Gutachten kostet immer Geld. Deshalb sollten Sie alle Möglichkeiten ausschöpfen, bevor Sie ein Gutachten in Auftrag geben. Die Praxis zeigt immer wieder, dass letztlich bei jedem Wert eines Grundstücks das Verhandlungsgeschick und der Wille entscheidend sind, um ein Geschäft zu machen.

Checkliste: Wann benötigen Sie den Wert einer Immobilie?

- Sie sind an einer Immobilie interessiert und wollen kontrollieren, ob der geforderte Kaufpreis angemessen ist.
- Sie wollen Ihr Grundstück verkaufen und einen angemessenen Kaufpreis verlangen, der Ihnen noch genügend Verhandlungsspielräume lässt.
- Sie wollen ein Grundstück auf Rentenbasis erwerben und prüfen, wie hoch der Wert der Immobilie tatsächlich ist.
- Sie wollen bei der Einkommensteuer eine möglichst hohe Absetzung für Abnutzung als Werbungskosten geltend machen.
- Sie wollen Erbschaftsteuer sparen, weil Sie den vom Finanzamt angesetzten Grundstückswert für zu hoch halten.
- Sie wollen Ihr Grundstück an Ihre Kinder auf dem Weg der vorweggenommenen Erbfolge übertragen und überlegen, wie hoch Ausgleichszahlungen an die Kinder sein müssen, die das Grundstück nicht erhalten.
- Der Betriebsprüfer will einen sogenannten Entnahmegewinn versteuern, weil Sie ein Grundstück aus Ihrem Betriebsvermögen in Ihr Privatvermögen überführt haben.

- Sie wollen ein bereits existierendes formelles Gutachten kontrollieren, um sicherzugehen, dass die Annahmen des Gutachters realistisch sind.
- Kontrollmöglichkeiten bieten sich insbesondere, wenn Sie ein Grundstück innerhalb eines Zwangsversteigerungsverfahrens kaufen wollen.
- Sie wollen Ihre persönliche Kaufpreissammlung aktualisieren. Nur so können Sie Tendenzen erkennen.

Geheime Quellen der Profis

Nutzen Sie einfache und sichere Methoden. Wenden Sie die Faustregeln der Profi-Gutachter an. Erschließen Sie sich auch „geheime“ Quellen, damit Sie alle grundstücksrelevanten Daten, Merkmale und Bewertungsbesonderheiten kennen. Das sind keine Geheimnisse. Aber manche Quellen sind unbekannt.

Nutzen Sie daher alle Tipps, Tricks und Informationen. Nur so sichern Sie sich den entscheidenden Wissensvorsprung, der Sie bei Grundstücksgeschäften erfolgreich macht.

Immobilienwertermittlungsverordnung

Seit 1.7.2010 ist für die Sachverständigen der Grundstücksbewertung die Verordnung über die Grundsätze für die Ermittlung der Verkehrswerte von Grundstücken maßgebend, die sogenannte Immobilienwertermittlungsverordnung (ImmoWertV vom 19.5.2010, BGBl. I 2010, S. 639).

Muss die Wertermittlung genau sein, kommt man an der Immobilienwertermittlungsverordnung nicht vorbei. Wenn es aber darum geht, einen überschlägigen Wert für die Immobilie zu ermitteln, können auch einfachere Wege beschritten werden.

Gesuchte Größe: Verkehrswert

Suchen Sie den „Wert" eines Grundstücks, geht es in den meisten Fällen um den gemeinen Wert bzw. um den Verkehrswert. Verschiedene Gesetze und Verordnungen legen fest, was unter dem Begriff Verkehrswert zu verstehen ist. Im Steuerrecht wird im Allgemeinen der Begriff „gemeiner Wert" verwandt.

Alle Definitionen münden aber letztlich hinsichtlich des gesuchten Werts der Immobilie bei ein und demselben Betrag.

Definition: „Verkehrswert"	
Der gemeine Wert (Verkehrswert) eines Grundstücks ist der Preis,	der im gewöhnlichen Geschäftsverkehr, nach den rechtlichen Gegebenheiten, tatsächlichen Eigenschaften, der sonstigen Beschaffenheit, der Lage des Grundstücks, ohne Rücksicht auf ungewöhnliche oder persönliche Verhältnisse zu einem bestimmten Zeitpunkt zu erzielen wäre.

Für Ihre Berechnungen kommt es daher entscheidend darauf an, zu welchem Preis das Grundstück bei einer gedachten Veräußerung verkauft werden könnte.

Praxis-Tipp:

Der Verkauf muss im gewöhnlichen Geschäftsverkehr zustande kommen.

Kein gewöhnlicher Geschäftsverkehr liegt vor bei ...

- einem Verkauf aus einem Zwang heraus
- einem Verkauf aus einer Notlage heraus
- Spekulationsgeschäften mit Grundstücken
- Veräußerungen unter nahen Angehörigen
- Vermögensübertragungen im Rahmen einer Erbauseinandersetzung
- Zwangsversteigerungen
- Arrondierungsüberlegungen
- Liebhaberpreisen

„Tatsächliche Eigenschaften eines Grundstücks“
■ Größe des Grundstücks ■ Zuschnitt des Grundstücks ■ Bodenbeschaffenheit des Grundstücks ■ Alter der Bauwerke ■ Bauweise der Bauwerke ■ Verwendungsmöglichkeiten der Gebäude ■ Art der baulichen Nutzung ■ Maß der baulichen Nutzung

Praxis-Tipp:
Legen Sie zu Beginn Ihrer Berechnungen genau fest, was alles zum bebauten Grundstück gehört.

Diese Informationen können Sie aus den Katasterunterlagen oder aus dem Grundbuch des Amtsgerichts entnehmen. Denn nur dort ist zivilrechtlich verbindlich festgelegt, wer Eigentümer eines Grundstücks ist und was genau dazu gehört. Die im Grundbuch aufgeführten Flurbezeichnungen und Angaben von Flurstücksnummern lassen in Verbindung mit den Zeichnungen des Katasteramts genaue Rückschlüsse auf den Umfang des zu bewertenden Objekts zu.

Praxis-Tipp:
Für Sie ist der Zeitpunkt unerlässlich, zu dem Sie den Verkehrswert ermitteln wollen, denn der Verkehrswert am 10.4. 2011 ist im Regelfall ein völlig anderer als am 10.4.1980. Der Verkehrswert ist den Schwankungen auf dem Grundstücksmarkt unterworfen.

2

Tendenz-Checkliste: Kaufpreise

Setzen Sie Hinweise und Methoden zielorientiert und erfolgreich ein. Besondere Vorteile nutzen Sie, wenn Sie auch dann den Verkehrswert nach den einschlägigen Methoden berechnen, obwohl Ihnen der Kaufpreis bekannt ist. Nur so stellen Sie fest, ob es in Ihrer Region Abweichungen von den allgemeinen Regeln gibt. Auf diese Weise passen Sie den Verkehrswert dem Marktwert an.

Beispiel für Ihre persönliche Kaufpreissammlung

Datum	Wert nach den rechnerischen Methoden	tatsächlich festgestellter Kaufpreis einer Immobilie 100 %	Abweichung in EUR	Abweichung in %
Feb 2012	480.000 EUR	523.000 EUR	43.000 EUR	8,22 %
Mai 2012	200.000 EUR	230.000 EUR	30.000 EUR	13,04 %
~~**Jun 2012**~~	~~800.000 EUR~~	~~750.000 EUR~~	~~-50.000 EUR~~	~~-6,67 %~~
Jun 2012	420.000 EUR	460.000 EUR	40.000 EUR	8,70 %
Jul 2012	165.000 EUR	180.000 EUR	15.000 EUR	8,33 %
~~**Jul 2012**~~	~~770.000 EUR~~	~~730.000 EUR~~	~~-40.000 EUR~~	~~-5,48 %~~
~~**Aug 2012**~~	~~1.200.000 EUR~~	~~1.050.000 EUR~~	~~-150.000 EUR~~	~~-14,29 %~~
Aug 2012	370.000 EUR	395.000 EUR	25.000 EUR	6.33 %
Sep 2012	530.000 EUR	580.000 EUR	50.000 EUR	8.62 %
Jan 2013	600.000 EUR	610.000 EUR	10.000 EUR	1,64 %
Feb 2013	240.000 EUR	260.000 EUR	20.000 EUR	7,69 %
März 2013	400.000 EUR	440.000 EUR	40.000 EUR	9,09 %
Summe	3.405.000 EUR	3.678.000 EUR	273.000 EUR	
durchschnittliche Abweichung			➥	**7,42 %**

Abweichungen der tatsächlichen Kaufpreise

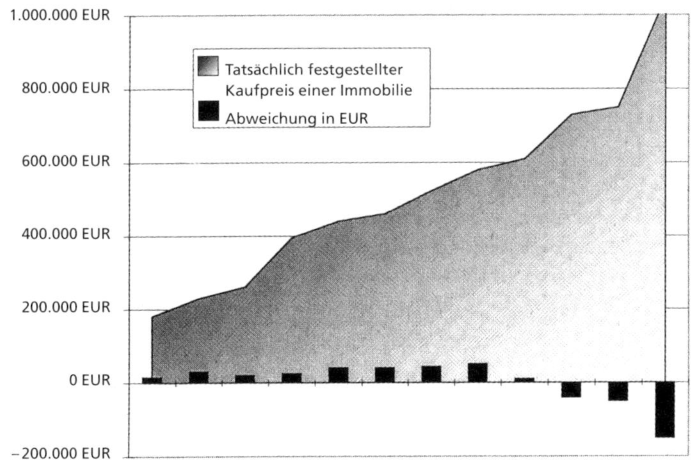

Legen Sie von vornherein Ihre persönliche Kaufpreissammlung an. Notieren Sie sich die Abweichungen und leiten Sie daraus eine durchschnittliche prozentuale Abweichung ab. Korrigieren Sie mit diesem Prozentsatz Ihr rechnerisches Ergebnis. So gelangen Sie zu immer genaueren Werten.

Wichtig: Legen Sie die tendenzielle Abweichung für Ihre individuellen Ermittlungen fest, indem Sie untypische Fälle einfach wieder streichen. Wollen Sie beispielsweise ein Einfamilienhaus zur eigenen Nutzung kaufen und dabei etwa 500.000 EUR aufwenden, sollten Sie die Wertabweichungen nur für vergleichbare Kaufpreise korrigieren. Wenn Sie auch höherpreisige Objekte mit einbeziehen, verfälschen Sie das Bild für Ihre Zielimmobilie.

In der Liste wurden die hochpreisigen Objekte gestrichen, weil dort negative Abweichungen auftraten, denn hier lag der tatsächliche Kaufpreis unter dem errechneten Wert. In der Preisgruppe des Zielobjekts sind deshalb Zuschläge erforderlich.

Anders ist es hingegen in der Preisklasse des gewünschten Objekts. In dieser lag der tatsächliche über dem errechneten Kaufpreis.

Die Abweichungen der tatsächlichen Kaufpreise von der rechnerischen Wertermittlung sehen in der grafischen Darstellung wie folgt aus. Grenzen Sie mit einer Grafik die Ausreißer aus.

Aus der Grafik können Sie ableiten, dass Sie bei den Beispielsdaten zu Abschlägen gelangen, wenn die Objekte wertvoller als 600.000 EUR sind. Ansonsten müssen Sie Ihre rechnerischen Ergebnisse nach oben korrigieren.

Checkliste: So ermitteln Sie den aktuellen Kaufpreis

- Lesen Sie die Kauf- und Verkaufsanzeigen in Ihrer Tageszeitung.
- Versuchen Sie zu erfahren, zu welchem Kaufpreis die angebotenen Immobilien tatsächlich verkauft werden.
- Lassen Sie sich Prospektmaterial von Grundstückshändlern zusenden.
- Besichtigen Sie interessante Objekte.
- Kontrollieren Sie, ob bestimmte Immobilien immer wieder in den Inseraten der Presse auftauchen. Verfolgen Sie den Preisverfall bei diesen „Ladenhütern".
- Beobachten Sie die Verkehrswertermittlungen für Grundstücke bei Zwangsversteigerungen.
- Lassen Sie sich vor einer Zwangsversteigerung das Verkehrswertgutachten der Immobilie zeigen. Fragen Sie beim Rechtspfleger Ihres Amtsgerichts nach.
- Besuchen Sie Zwangsversteigerungen, um den Wert festzustellen, zu dem Grundstücke in Notlagen den Eigentümer wechseln.

Wie viel kostet ein Gutachten?

Für Sie ist es entscheidend, ob sich ein formelles Gutachten unter dem Strich wirklich rentiert. Rechnen Sie deshalb Ihren Vorteil gegen den Nachteil der Kosten auf.

Praxis-Tipp:

Das Honorar des Gutachters hängt in erster Linie von der Höhe des Verkehrswerts ab. Daneben spielt auch eine Rolle, wie hoch der Ermittlungsaufwand für den Sachverständigen ist.

Beispiel:

Sie wollen bei der Schenkungsteuer den vom Finanzamt festgestellten Grundbesitzwert durch ein formelles Gutachten aushebeln. Das Recht dazu räumt Ihnen das Finanzamt ausdrücklich ein.

Das formelle Gutachten lohnt sich natürlich nur, wenn Sie nach Vorlage des Gutachtens eine klare Einsparung bei der Schenkungsteuer haben. Verlangt das Finanzamt vorher eine Schenkungsteuer von 5.000 EUR und nach Vorlage des Gutachtens immer noch 4.500 EUR, darf das Gutachten höchstens 500 EUR kosten.

Praxis-Tipp:

Verzichten Sie in vergleichbaren Fällen auf das formelle Gutachten, denn das Gutachten ist kein „Grundlagenbescheid". Sie können sich nicht rechtsverbindlich darauf berufen. Das Finanzamt prüft eigenständig, ob es das Gutachten voll anerkennt. Möglicherweise wird in derartigen Grenzfällen Ihre Belastung insgesamt nur noch höher.

Anders liegt der Fall, wenn Sie die Chance haben, durch das Gutachten bei der Erbschaft-/Schenkungsteuer 10.000 EUR zu sparen. Dann darf das Gutachten gut und gerne 3.000 EUR oder noch mehr kosten. Sofern sich die Kosten allerdings in einer Größenordnung ab 8.000 EUR bewegen, wäre auch in diesem Beispielsfall zweifelhaft, ob Sie tatsächlich einen Vorteil realisieren werden.

Praxis-Tipp:

Es hat sich immer wieder gezeigt, dass gerade die Öffnungsklauseln des Bewertungsgesetzes zu enorm hohen Einsparungen bei der Steuer führen können, da durch sie die Möglichkeit gegeben wird, einen niedrigen Verkehrswert nachweisen zu dürfen. Prüfen Sie deshalb in aller Ruhe, wie Sie die Vorteile realisieren.

Orientieren Sie sich an der nachstehenden Tabelle, um die voraussichtlich anfallenden Gutachterkosten zu bestimmen.

Wichtig: Je verwinkelter und komplizierter das Gebäude aussieht, desto teurer wird das Gutachten.

Durchschnittliche Kosten eines Gutachtens

Verkehrswert des Grundstücks	Normalstufe		Schwierigkeitsstufe	
	von	bis	von	bis
25.565 EUR	225 EUR	291 EUR	281 EUR	435 EUR
50.000 EUR	323 EUR	394 EUR	384 EUR	537 EUR
75.000 EUR	437 EUR	537 EUR	517 EUR	733 EUR
100.000 EUR	543 EUR	664 EUR	643 EUR	910 EUR
125.000 EUR	639 EUR	780 EUR	755 EUR	1.062 EUR
150.000 EUR	725 EUR	881 EUR	856 EUR	1.203 EUR
175.000 EUR	767 EUR	938 EUR	912 EUR	1.278 EUR
200.000 EUR	860 EUR	1.051 EUR	1.017 EUR	1.432 EUR
225.000 EUR	929 EUR	1.131 EUR	1.095 EUR	1.544 EUR
250.000 EUR	977 EUR	1.193 EUR	1.157 EUR	1.628 EUR
300.000 EUR	1.071 EUR	1.304 EUR	1.264 EUR	1.779 EUR
350.000 EUR	1.149 EUR	1.397 EUR	1.356 EUR	1.908 EUR
400.000 EUR	1.207 EUR	1.479 EUR	1.425 EUR	2.012 EUR

noch: Durchschnittliche Kosten eines Gutachtens

Verkehrswert des Grundstücks	Normalstufe		Schwierigkeitsstufe	
	von	bis	von	bis
450.000 EUR	1.266 EUR	1.546 EUR	1.490 EUR	2.104 EUR
500.000 EUR	1.318 EUR	1.611 EUR	1.559 EUR	2.198 EUR
750.000 EUR	1.563 EUR	1.912 EUR	1.847 EUR	2.610 EUR
1.000.000 EUR	1.776 EUR	2.180 EUR	2.104 EUR	2.965 EUR
1.250.000 EUR	1.981 EUR	2.417 EUR	2.336 EUR	3.292 EUR
1.500.000 EUR	2.164 EUR	2.644 EUR	2.548 EUR	3.599 EUR
1.750.000 EUR	2.357 EUR	2.877 EUR	2.780 EUR	3.917 EUR
2.000.000 EUR	2.510 EUR	3.062 EUR	2.956 EUR	4.165 EUR
2.250.000 EUR	2.671 EUR	3.249 EUR	3.150 EUR	4.437 EUR
2.500.000 EUR	2.856 EUR	3.487 EUR	3.382 EUR	4.757 EUR
3.000.000 EUR	3.152 EUR	3.849 EUR	3.724 EUR	5.253 EUR
3.500.000 EUR	3.450 EUR	4.194 EUR	4.079 EUR	5.771 EUR
4.000.000 EUR	3.729 EUR	4.569 EUR	4.410 EUR	6.250 EUR
4.500.000 EUR	4.082 EUR	5.027 EUR	4.837 EUR	6.851 EUR
5.000.000 EUR	4.348 EUR	5.314 EUR	5.148 EUR	7.274 EUR
7.500.000 EUR	5.706 EUR	6.973 EUR	6.762 EUR	9.511 EUR
10.000.000 EUR	7.071 EUR	8.555 EUR	8.242 EUR	11.719 EUR
12.500.000 EUR	8.340 EUR	10.180 EUR	9.903 EUR	13.974 EUR
15.000.000 EUR	9.369 EUR	11.433 EUR	10.980 EUR	15.440 EUR
17.500.000 EUR	10.547 EUR	12.776 EUR	12.386 EUR	17.350 EUR
20.000.000 EUR	11.268 EUR	13.788 EUR	13.368 EUR	18.856 EUR
22.500.000 EUR	12.328 EUR	15.163 EUR	14.692 EUR	20.661 EUR
25.000.000 EUR	13.443 EUR	16.593 EUR	16.068 EUR	22.634 EUR
25.564.594 EUR	13.692 EUR	16.914 EUR	16.377 EUR	23.085 EUR

So kalkulieren Sie die „Schwierigkeitsstufe"

Sie wollen Ihr Zweifamilienhaus auf Ihre Tochter Maike übertragen. Ihrem Sohn Felix wollen Sie einen Geldbetrag schenken, der dem Wert des Zweifamilienhauses entspricht. Den Wert Ihres Hauses schätzen Sie auf 250.000 EUR. Sie wollen auf jeden Fall vermeiden, Ihren Sohn zu benachteiligen. Deshalb denken Sie an das Wertgutachten eines Sachverständigen.

Sie wollen wissen, wie hoch die Kosten für das Gutachten sein werden. Die Wertermittlung ist recht einfach, weil Sie für das Zweifamilienhaus genaue Bauzeichnungen und Berechnungen besitzen. Außerdem ist das Grundstück rechtwinklig geschnitten, entspricht der üblichen Grundstücksgröße und weist keinerlei Besonderheiten auf.

Sie können davon ausgehen, dass Ihr Grundstück nach der Gebühren-Tabelle hinsichtlich der Honorarberechnung zur „Normalstufe" gehört. Der Sachverständige braucht keine besonderen Ermittlungen anzustellen. Alle Berechnungsdaten des Zweifamilienhauses liegen vor.

Fazit: Für das Gutachten müssen Sie zwischen 977 EUR und 1.193 EUR einkalkulieren.

Ein anderes Beispiel: Im Gegensatz zum vorangegangenen Beispiel besitzen Sie keine Unterlagen über das Zweifamilienhaus. Das Haus selbst hat versetzte Wohnebenen und viele schräge Wände. Der umbaute Raum muss deshalb aufwendig ermittelt werden. Außerdem sind sehr unterschiedliche Baustoffe verwandt worden und einzelne Teile des Gebäudes wurden in unterschiedlichen Jahren bezugsfertig.

Hier müssen Sie davon ausgehen, dass der Gutachter schon eine höhere „Schwierigkeitsstufe" zugrunde legt.

Fazit: Für das Gutachten müssen Sie zwischen 1.157 EUR und 1.628 EUR einkalkulieren.

Den endgültigen Betrag können Sie naturgemäß nicht im Voraus bestimmen. Sofern der Gutachter entgegen Ihrer Schätzung einen anderen Wert als 250.000 EUR ermittelt, legt er selbstredend auch die dementsprechenden Gebührensätze bei der Honorarberechnung zugrunde.

Praxis-Tipp:

Prüfen Sie stets, ob es sich für Sie lohnt, ein Gutachten in Auftrag zu geben oder ob Sie sich die Kosten sparen können.

Welche Methoden gibt es?

3

Drei Methoden zur Verkehrswertermittlung

Gutachter kennen bei der Wertermittlung drei Methoden. Die drei Verfahren schließen sich grundsätzlich gegenseitig aus. Dennoch gibt es Grundstücksarten, die in der Praxis nicht immer einem bestimmten Verfahren den Vorzug geben. Prüfen Sie deshalb vor jeder Bewertung, welches Verfahren anzuwenden ist. Die Entscheidung hängt von der Art des Grundstücks im konkreten Einzelfall ab. In den nachfolgenden Kapiteln werden die Verfahren ausführlich beschrieben.

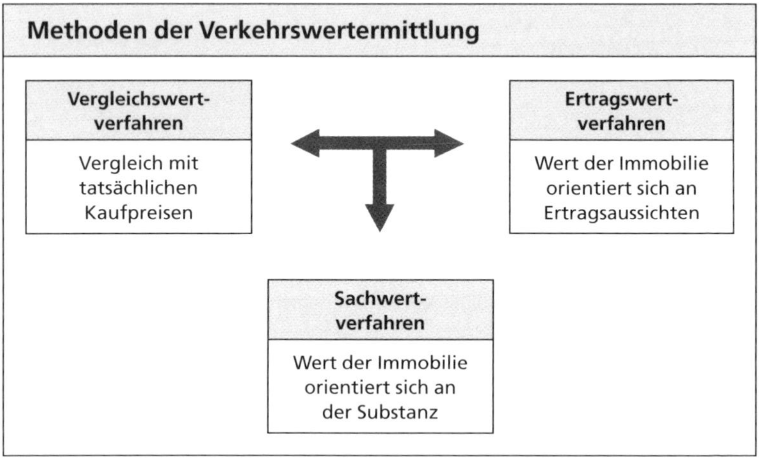

Erfahrungsgemäß kommt es immer wieder zu erheblichen Abgrenzungsschwierigkeiten. Befassen Sie sich deshalb nur mit den eindeutigen Regeln. Lassen Sie sich nicht vom Theorienstreit der Bausachverständigen irritieren. Für eine überschlägige Berechnung des Verkehrswerts reichen die typischen Abgrenzungsregelungen regelmäßig aus. Dies gilt auch, wenn Sie ein vorliegendes Gutachten lediglich kontrollieren wollen.

Praxis-Tipp:

Seien Sie vorsichtig, wenn in einem Gutachten mehrere Verfahren nebeneinander stehen und ein Mittelwert als „einzig wahrer" Verkehrswert angegeben wird.

Hier konnte oder wollte sich der Gutachter nicht für ein bestimmtes Verfahren entscheiden. Das kann unterschiedliche Gründe haben:

- Es liegen tatsächlich ganz erhebliche Abgrenzungsprobleme vor, weil die Immobilie ein sehr untypisches Objekt ist.
- Der Wert soll bewusst in eine gewünschte Höhe „geschoben" werden.
- Der Gutachter hat die vereinfachte Mittelwertmethode angewandt und die Entscheidung für eine bestimmte Wertermittlungsmethode vermieden.
- Der Auftraggeber – beispielsweise eine finanzierende Bank – hat aus Sicherheitsaspekten heraus die Anwendung mehrerer Methoden verlangt.

Abgrenzung der Bewertungsverfahren

Für eine überschlägige Berechnung reicht es bei den typischen Bewertungsfällen aus, die vereinfachte Methode anzuwenden. Die Ergebnisse der vereinfachten Methode weichen immer dann nur wenig von dem theoretisch zutreffenden Verfahren ab, wenn die Gutachter das Sachwertverfahren anwenden. Gehört Ihr zu bewertendes Grundstück zu einem Grundstückstyp, der eigentlich nur im Ertragswertverfahren zu bewerten ist, können Sie zwar dennoch die überschlägigen Methoden anwenden. Jedoch müssen Sie diese Tatsache entsprechend berücksichtigen, wenn Sie mit dem Wert kalkulieren und eine Entscheidung treffen wollen.

Prüfen Sie mit der nachstehenden Checkliste, in welchem Verfahren Ihr Grundstück typischerweise bewertet werden muss.

Checkliste: Bewertungsverfahren		
Ihr Grundstück gehört zu folgender Grundstücksart	**Typisches Bewertungsverfahren**	
	Ertragswertverfahren	**Sachwertverfahren**
Bürogebäude	×	
Eigentumswohnung	×	
Einfamilienhaus		×
Fabrikgrundstück	×	×
Garagen neben einem Einfamilienhaus		×
Garagengrundstücke	×	
Geschäftshaus in der City	×	
Ladenräume	×	
Lagerhallen	×	×
Landwirtschaftliche Nebenerwerbsstelle		×
Mietwohngrundstück	×	
Sanatorien		×
Tankstellengrundstücke		×
Verwaltungsgebäude		×
Warenhausgrundstücke		×
Werkstätten		×
Wohngebäude im Außenbereich mit Nebengebäuden	×	×
Zweifamilienhaus		×

Seit 1.7.2010 gilt für die Sachverständigen die Immobilienwertermittlungsverordnung. Dabei wurde das Ertragswertverfahren ausgeweitet, so dass nun drei Varianten für dieses Verfahren möglich sind:

- Allgemeines Ertragswertverfahren
- Vereinfachtes Ertragswertverfahren
- DCF-Verfahren (Discounted-Cash-Flow-Verfahren)

Bei den Verfahren handelt es sich lediglich um verschiedene Wege, den Verkehrswert zu berechnen. Im Ergebnis wird bei jedem Verfahren der Verkehrswert ermittelt. Allerdings ist die

Ausgangsdatenlage bei den einzelnen Grundstücken unterschiedlich. Die verschiedenen Ertragswertverfahren sollen dieser Unterschiedlichkeit und Individualität gerecht werden.

- Das „allgemeine Ertragswertverfahren" entspricht im Wesentlichen dem bereits bisher bekannten klassischen Ertragswertverfahren der Wertermittlungsverordnung.
- Das „vereinfachte Ertragswertverfahren" nutzt grundsätzlich den Gedanken der Hausmakler-Formel; allerdings kommt das vereinfachte Ertragswertverfahren zu wesentlich besseren Ergebnissen.
- Das DCF-Verfahren kann seine Stärken voll ausspielen, wenn im Bewertungsstichtag erkennbar ist, dass sich die künftigen Erträge in periodischen Abständen laufend verändern werden.

Praxis-Tipp:

In der Praxis werden Sie sich für eine überschlägige Berechnung auf keinen Fall mit dem DCF-Verfahren herumschlagen müssen. Das allgemeine Ertragswertverfahren wird hierfür regelmäßig völlig ausreichen.

Individuelle Besonderheiten

Checkliste: Individuelle Einflussfaktoren

- Alter der Gebäude
- Art der baulichen Nutzung
- Bauweise des Gebäudes
- Belastungen des Grundstücks, beispielsweise Belastung mit einem Wegerecht
- Bodenbeschaffenheit: Ein sumpfiger Boden erfordert beispielsweise regelmäßig wesentlich höhere Gründungskosten.
- Größe des Grund und Bodens
- Immissionen, beispielsweise Kirchenglocken

noch: Checkliste Individuelle Faktoren

- Immissionen, beispielsweise Lärm
- Immissionen, beispielsweise Straßenbahngeräusche
- Immissionen, beispielsweise wegen der Einflugschneise eines Flugplatzes
- Lage des Grundstücks, sofern sich Besonderheiten ergeben
- Maß der baulichen Nutzung
- Verwendungsmöglichkeiten der Gebäude
- Zuschnitt des Grund und Bodens

Für Sie darf die Berechnung des Grundstückswerts nicht mit dem mathematischen Ergebnis enden. Profitieren Sie von Ihren Kenntnissen des örtlichen Grundstücksmarkts und beziehen Sie auch die individuellen Umstände und Besonderheiten in Ihre Wertermittlung mit ein. Korrigieren Sie einfach den Grundstückswert – sofern das nicht bereits hinreichend innerhalb der Berechnungsmethoden geschehen ist – unter Berücksichtigung der vorgefundenen Besonderheiten durch entsprechend angemessene Zuschläge oder Abschläge. Passen Sie den rechnerischen Wert an den Grundstücksmarkt an.

So runden Sie das Ergebnis auf oder ab

Es nützt nichts, wenn Sie einen Wert nach den zutreffenden Bewertungsmethoden ermitteln und stolz etliche Stellen hinter dem Komma präsentieren. Dadurch wird kein Gutachten glaubwürdiger. Es kommt für Sie in erster Linie darauf an, dass Ihre Berechnung realistisch ist und anerkannt wird. Lassen Sie deshalb das von Ihnen berechnete Ergebnis nicht auf den Cent genau stehen.

Praxis-Tipp:

Machen Sie es wie die Profis: Runden Sie das Ergebnis nach oben oder unten ab.

Allgemein anerkannte Rundungsregeln

Runden Sie	auf einen vollen	Beispiel
Beträge bis 10.000 EUR	**Hunderter**	10.520 EUR → 10.500 EUR
Beträge über 10.000 EUR bis 500.000 EUR	**Tausender**	50.934 EUR → 51.000 EUR
Beträge über 500.000 EUR bis 1.000.000 EUR	**Zehn-tausender**	753.000 EUR → 750.000 EUR
Beträge über 1.000.000 EUR	**Hundert-tausender**	1.620.000 EUR → 1.600.000 EUR

Vertrauen Sie Ihrer Berechnung

Versuchen Sie erst gar nicht, den von Ihnen ermittelten Wert zu beweisen. Bei jeder Wertermittlung bleiben Unsicherheiten, selbst wenn das Gutachten von einem anerkannten Gutachter erstellt worden wäre.

Erfahrungsgemäß können die Meinungen über den Wert eines Grundstücks ganz erheblich voneinander abweichen. Auch ein Rechtsstreit über solche abweichenden Meinungen ist nicht unbedingt ungewöhnlich. Das ist fast die Tagesordnung. Deshalb dürfen Sie Ihrer Rechnung ruhig vertrauen. Schließlich wenden Sie fundierte Methoden an, die es erlauben, den Wert eines Grundstücks realitätsnah abzubilden.

Schwankungen bei den tatsächlichen Kaufpreisen

Es kommt immer wieder vor, dass die tatsächlich erzielten Kaufpreise verblüffend erscheinen. Das können Sie insbesondere dann beobachten, wenn ein Käufer bisher in einem Gebiet mit sehr hohen Bodenwerten wohnte und ein Grundstück in einem Gebiet kauft, in dem die Bodenwerte relativ niedrig sind. Hier zahlt der Käufer oft überhöhte Preise. Zwar meint er, einen äußerst günstigen Preis zu bezahlen, aber er hat nicht genau genug recherchiert. Wären ihm die einfachsten Regeln der Verkehrswertermittlung bekannt, hätte er viel Geld sparen können.

Wichtig: Vergessen Sie nicht, dass selbst die tatsächlichen Grundstückskäufe keinen unveränderlichen strengen Regeln unterliegen. Es ist einfach nicht möglich, allein mit mathematischen Formeln den zutreffenden Grundstückswert zu finden. Diese Auffassung vertritt selbst der Bundesgerichtshof. Danach ist eine rechnerisch präzise Ermittlung des Verkehrswerts von Grundstücken erfahrungsgemäß im Allgemeinen sowieso nicht möglich. Folge: Der Verkehrswert ist letztlich das Ergebnis einer mehr oder weniger guten Schätzung mit Methode.

Wie lange profitieren Sie von der eigenen Berechnung?

Die eigene Kalkulation hat selbstverständlich auch ihre Grenzen. Diese sind immer dann erreicht, wenn der Wert gewissermaßen „unbestechlich" sein muss. Dann führt an einem förmlichen Gutachten kein Weg mehr vorbei.

Praxis-Tipp:

Brauchen Sie ein formelles Gutachten, das auch vor Gericht standhält, sollten Sie von vornherein auf eine gewisse Objektivität achten. Beachten Sie aber, dass das Gericht auch das teuerste Gutachten als bloße „Parteibehauptung" abtun kann.

Ein Gutachten des örtlichen Gutachterausschusses erfreut sich jedoch bei den Gerichten einer großen Akzeptanz. Das gilt auch für die Gutachten, die ein öffentlich bestellter und vereidigter Sachverständiger oder ein Zertifizierter erstellt hat. Eine Garantie ist dies jedoch ebenfalls nicht.

Wann ist ein formelles Gutachten nötig?

- Bei Rechtsstreitigkeiten, bei denen sich Gerichte nicht auf subjektive Äußerungen und Mutmaßungen einlassen.
- Wenn der Wert einer Immobilie bedeutend mehr sein muss als eine gute Diskussionsgrundlage.
- Innerhalb eines Verfahrens ist gesetzlich ein Gutachten vorgeschrieben. Das gilt etwa bei der Erbschaft-/Schenkungsteuer, wenn Sie den vom Finanzamt angesetzten Grundbesitzwert eines Grundstücks für überhöht halten.
- Fälle der vorweggenommenen Erbfolge oder in den Fällen der Erbauseinandersetzung, wenn die Erben zerstritten sind. Ein formelles Gutachten ist zwar nicht vorgeschrieben und treibt nur Kosten in die Höhe. Mit einer Selbstberechnung wäre jedoch selten jemandem gedient. Das „selbstgestrickte" Gutachten würde erfahrungsgemäß in der Luft zerrissen und der arme Rechenkünstler auch. Der Zorn der übrigen Erben würde die Fronten sofort an der falschen Stelle für die späteren Verhandlungen unnötig verhärten.

Vergleichswertverfahren

4

So berechnen Sie den Vergleichswert

Vergleichen Sie Ihr Grundstück mit Kaufpreisen, die für vergleichbare Grundstücke erzielt worden sind.

Beispiel:

Sie wollen den Wert Ihres unbebauten Baugrundstücks ermitteln, weil Sie das Grundstück verkaufen wollen.

Ihr Grundstück ist rechtwinklig geschnitten und 500 qm groß.

Ein ebenfalls unbebautes Baugrundstück in unmittelbarer Nachbarschaft ist vor wenigen Wochen für 100.000 EUR verkauft worden.

Das Nachbargrundstück ist ebenfalls 500 qm groß und rechtwinklig geschnitten.

Es leuchtet sofort ein, dass Ihr Grundstück – genau wie das vergleichbare Nachbargrundstück – 100.000 EUR wert ist.

Vergleichswertverfahren bei unbebauten Grundstücken

Schwäche des Vergleichswertverfahrens

Die Schwäche des Vergleichswertverfahrens liegt auf der Hand. Sie brauchen für dieses Verfahren „vergleichbare" Grundstücke sowie tatsächliche Kaufpreise für die vergleichbaren Grundstücke.

Bei unbebauten Grundstücken werden diese Voraussetzungen noch relativ leicht und oft erfüllt sein. Jedoch müssen Sie auch bei unbebauten Grundstücken prüfen, ob die Grundstücke tatsächlich vergleichbar sind – etwa mit nachfolgender Checkliste:

Checkliste: Unbebaute Grundstücke		
Diese Merkmale der zu vergleichenden Grundstücke stimmen überein	**ja**	**nein**
Lage		
Größe		
Bauliche Nutzbarkeit		
Maß der zulässigen baulichen Nutzung		
Grundstückstiefe		
Erschließungszustand		

Weitere Abweichungen sind denkbar. Nicht alle Abweichungen sind so gravierend, dass ein Vergleich ausgeschlossen ist. Dazu zählen beispielsweise die in der nachstehenden Checkliste aufgeführten Abweichungen. Ergeben sich im Einzelfall nur kleine Abweichungen, können Sie durch entsprechende Zu- oder Abschläge durchaus zu einer überschlägigen Berechnung des Verkehrswerts für Ihr Grundstück kommen. Sind jedoch die Abweichungen sehr gravierend, kann im Einzelfall auch hier das Vergleichswertverfahren ausscheiden.

Checkliste: Abweichungen		
Es ergeben sich Abweichungen bei den folgenden Merkmalen	**ja**	**nein**
Lage		
Ecklage des Grundstücks an zwei Straßen		
Zuschnitt des Grundstücks		
Oberflächenbeschaffenheit des Grundstücks		
Beschaffenheit des Baugrundes		
Beeinträchtigungen durch Lärm		
Beeinträchtigungen durch Staub		
Beeinträchtigungen durch Rauch		
Beeinträchtigungen durch Gerüche		
Auf dem Grundstück befinden sich Altlasten wie beispielsweise Verunreinigungen des Grund und Bodens mit Chemikalien		
Grunddienstbarkeiten		
Zugang zum Grundstück		

Vergleichswertverfahren bei bebauten Grundstücken

4

Bei bebauten Grundstücken werden die Idealzustände (Zuschnitt des Grundstücks, Lage, Gebäudebeschaffenheit) für das Vergleichswertverfahren nur selten erreicht. Grund: Die baulichen Gestaltungen sind zu unterschiedlich, um ein Gebäude mit einem anderen bebauten Grundstück unmittelbar vergleichen zu können. Bereits geringe Abweichungen können in der Praxis zu deutlichen Wertabweichungen führen. Folge: Das Vergleichswertverfahren scheidet aus.

Prüfen Sie mit folgender Checkliste, ob Sie das Vergleichswertverfahren bei einem bebauten Grundstück anwenden können. Die genannten Abweichungen dienen als Anhaltspunkte, ob sich die Gebäude in wesentlichen Merkmalen unterscheiden.

Checkliste: Bebaute Grundstücke			
Abweichung bei folgenden Merkmalen zwischen den Vergleichsgrundstücken	**Vergleichswertverfahren**		
	noch möglich	zweifelhaft	nicht möglich
Die Gestaltung des Grundrisses weist gravierende Unterschiede auf		×	
Die Wohnflächen weichen in der Größe voneinander erheblich ab			×
Das Grundstück liegt in Wohngegenden mit unterschiedlichem Wohnwertniveau			×
Die Lage des Grundstücks ist unterschiedlich			×
Die Größe des Grund und Bodens weicht geringfügig ab	×		
Die Zimmerzahl ist unterschiedlich		×	
Die Anzahl der Geschosse ist unterschiedlich		×	
Die festgestellten Kaufpreise liegen nicht in zeitlicher Nähe zum Bewertungszeitpunkt			×
In den Gebäuden sind in unterschiedlichen Jahren Schönheitsreparaturen durchgeführt worden	×		
Das Vergleichsgrundstück ist nicht durchgreifend modernisiert worden		×	

noch: Checkliste Bebaute Grundstücke

Abweichung bei folgenden Merkmalen zwischen den Vergleichsgrundstücken	**Vergleichswertverfahren**		
	noch möglich	zweifelhaft	nicht möglich
Die Gebäude sind in völlig verschiedenen Baujahren errichtet worden			×
Die Gebäudeausstattung ist völlig unterschiedlich (Deckenvertäfelung, Isolierverglasung, Sanitärausstattung, Elektroanlagen, Heizungsinstallation)			×

4

Praxis-Tipp:

Verfolgen Sie den Grundstücksmarkt in Ihrer Region aktiv. Lesen Sie nicht nur Inserate in Ihrer Tageszeitung. Besichtigen Sie ruhig auch das eine oder andere interessante Objekt. Denn die in der Tagespresse abgedruckten Preisvorstellungen werden im Grundstücksgeschäft noch lange nicht tatsächlich verwirklicht. Nur wenn Sie den Immobilienmarkt aktiv verfolgen und analysieren, werden Sie überhaupt zu vernünftigen Vergleichswerten kommen.

Vergleichswertverfahren bei Eigentumswohnungen

Beispiel:

Sie wollen eine Eigentumswohnung kaufen. Sie wissen, dass eine gleichartige Eigentumswohnung in dem Gebäude vor drei Monaten verkauft worden ist. Der Käufer hat 200.000 EUR gezahlt.

Es ist davon auszugehen, dass die Eigentumswohnung, die Sie kaufen wollen, auch einen Wert von 200.000 EUR hat. Das ergibt sich durch den direkten Vergleich mit dem tatsächlich erzielten Kaufpreis der anderen Eigentumswohnung. Die zeitliche Differenz von drei Monaten spielt im Bereich von Immobilien im Allgemeinen nur eine unwesentliche Rolle.

Wichtig: Für Sie als Käufer ist entscheidend, ob Ihre Eigentumswohnung tatsächlich genauso ausgestattet ist wie die vor drei Monaten verkaufte Eigentumswohnung. Dabei sind insbesondere auch die Wohnungsgröße und die Lage innerhalb des Gebäudes entscheidend.

Lassen Sie keinesfalls den baulichen Zustand außer Betracht. Schließlich ist es ein wesentlicher Unterschied, ob in der Eigentumswohnung der Putz von den Wänden fällt oder ob eine hochwertige Ausstattung vorliegt.

Prüfen Sie insbesondere folgende Ausstattungsmerkmale zwischen den Eigentumswohnungen:

Checkliste: Ausstattungsmerkmale

Die Ausstattung der Vergleichswohnung ist identisch	**ja**	**nein**
Hochwertige Deckenvertäfelung		
Allgemeiner baulicher Zustand		
Schönheitsreparaturen regelmäßig durchgeführt		
Zustand der Heizungsanlage		
Zustand der Fenster		
Zustand und Ausführung der Innentüren		
Wertvolle Holzwandverkleidungen		
Sanitäreinrichtungen		

Grundstücksarten für Vergleichswert

Die „Schwäche" des Vergleichswertverfahrens ist zugleich auch eine Stärke. Sofern Sie eine echte und brauchbare Vergleichsimmobilie ausfindig gemacht haben, dürften Sie in der Bewertungspraxis mit keinem anderen Verfahren zu einem realistischeren Wert kommen.

Sie brauchen aber die Vergleichsimmobilie. Die Erfahrung zeigt, dass es bestimmte Grundstückstypen gibt, bei denen das Vergleichswertverfahren in idealer Weise angewandt werden kann. Grund: Bei diesen Grundstückstypen stimmen die charakteristischen Merkmale leicht und oft überein.

Prüfen Sie insbesondere bei den folgenden Grundstückstypen, ob Sie Vergleichsimmobilien mit den entsprechenden Kaufpreisen finden.

Checkliste: Vergleichsimmobilien		
Vergleichsimmobilien mit tatsächlichen Kaufpreisen	**Das Vergleichswertverfahren ist anwendbar**	
	ja	nein
Unbebaute Grundstücke	×	
Eigentumswohnungen	×	
Einfamilienhäuser mit unterschiedlichen Grundrissen oder Bauweisen		×
Reihenhäuser	×	
Doppelhäuser	×	
Gleichartige Siedlungshäuser	×	
Wohnblöcke von Wohnungsunternehmen	×	

Praxis-Tipp:

Verlieren Sie bei Eigentumswohnungen das Vergleichswertverfahren nie aus dem Auge, denn hier bietet dieses Verfahren absolut zuverlässige Ergebnisse. Legen Sie sich für Eigentumswohnungen eine besondere Kaufpreissammlung an, damit Sie die maßgebenden Preise in Ihrer Stadt kennenlernen.

Vergleichswertverfahren

Es gilt folgende allgemeine Regel:

Wohnfläche der Eigentumswohnung in Quadratmeter	×	Preis pro Quadratmeter Wohnfläche

Das Ergebnis ist der Wert der Eigentumswohnung.

4

Beispiel:

Sie wollen eine Eigentumswohnung kaufen. Aus Ihrer persönlichen Kaufpreissammlung für Eigentumswohnungen ergibt sich ein durchschnittlicher Kaufpreis pro Quadratmeter von 1.600 EUR. Sofern Sie eine Eigentumswohnung mit einer Wohnfläche von 80 qm kaufen wollen, beträgt der Verkehrswert: 1.600 EUR/qm × 80 qm = 128.000 EUR

Beispiel einer Kaufpreissammlung für Eigentumswohnungen:

Datum	tatsächlich festgestellter Kaufpreis einer Eigentumswohnung	Wohnfläche der Eigentumswohnung	Wert der Eigentumswohnung pro qm Wohnfläche
Feb 2012	150.000 EUR	100 qm	1.500 EUR
März 2012	115.000 EUR	78 qm	1.474 EUR
Jun 2012	135.600 EUR	95 qm	1.427 EUR
Jun 2012	68.000 EUR	38 qm	1.789 EUR
Jul 2012	168.000 EUR	119 qm	1.412 EUR
Jul 2012	198.000 EUR	103 qm	1.922 EUR
Aug 2012	156.500 EUR	103 qm	1.519 EUR
Sept 2012	165.500 EUR	98 qm	1.689 EUR
Jan 2013	95.000 EUR	66 qm	1.439 EUR
Feb 2013	110.000 EUR	78 qm	1.410 EUR
März 2013	78.100 EUR	45 qm	1.736 EUR
März 2013	190.000 EUR	88 qm	2.159 EUR
Summe	1.629.700 EUR	1.011 qm	
durchschnittlicher Kaufpreis für Eigentumswohnungen in EUR pro qm		→	1.612 EUR

Praxis-Tipp:

Die Kaufpreise für Eigentumswohnungen weichen auch innerhalb einer Stadt voneinander ab. Die Preise hängen sehr stark von der Lage und Ausstattung ab. Gliedern Sie Ihre persönliche Kaufpreissammlung deshalb in verschiedene Zonen, die sich nach der jeweiligen Lage richten.

Wichtig: Trotz der unbestreitbaren Vorteile einer persönlichen Kaufpreissammlung dürfen Sie nicht übersehen, dass die örtlichen Gutachterausschüsse im jährlichen Grundstücksmarktbericht die Bewegungen auf dem Grundstücksmarkt veröffentlichen. Dazu gehören auch Kaufpreise. Die Kaufpreissammlung des Gutachterausschusses ist insbesondere deshalb so wertvoll, weil der Gutachterausschuss grundsätzlich sämtliche Kaufpreise auswerten kann, die im Laufe eines Jahres erzielt werden. Eine persönliche Kaufpreissammlung gibt immer nur einen Teilmarkt wieder. Dennoch schulen die dazu erforderlichen Beobachtungen des Grundstücksmarktes zweifellos die persönliche Sachkunde.

Ertragswertverfahren

5

Der Ablauf des Ertragswertverfahrens

Bewerten Sie Grundstücke im Ertragswertverfahren, wenn sich deren Wert in erster Linie am Ertrag orientiert. Nutzen Sie zur Abgrenzung der Bewertungsverfahren die entsprechende Checkliste in Kapitel 3.

Das Ertragswertverfahren ist nicht ganz einfach. Die wichtigsten Schritte sollten Sie jedoch kennen. Grund: Für manche Objekte ist das Ertragswertverfahren die genauere Methode. Ein formelles Gutachten können Sie daher nur kontrollieren, wenn Sie auch hier in den entscheidenden Punkten sicher sind.

Wichtig: Für Ihr Ein- oder Zweifamilienhaus ist das Ertragswertverfahren nicht anwendbar. Grund: Ein- und Zweifamilienhäuser sind keine typischen Ertragsobjekte. Deren Wert orientiert sich vielmehr an der Substanz dieser Immobilien. Also am Wert der Sache. Deshalb bewerten Gutachter Ein- und Zweifamilienhäuser im Sachwertverfahren (vergleiche Kapitel 6).

Gehen Sie bei der Bewertung im Ertragswertverfahren in drei Schritten vor:

- Ermitteln Sie zunächst den Bodenwert.
- Anschließend ermitteln Sie den Wert der baulichen Anlage.
- Addieren Sie beide Werte und passen Sie das Ergebnis mit Hilfe Ihrer persönlichen Kaufpreissammlung an den Verkehrswert an.

So ermitteln Sie den Bodenwert

Den Bodenwert berechnen Sie entweder im Vergleichswertverfahren oder wie bei der Bewertung eines unbebauten Grundstücks.

Es gilt folgende Formel:

Fläche des Grundstücks in Quadratmeter	×	Bodenrichtwert pro Quadratmeter

Lesen Sie mehr zum Bodenwert in dem Kapitel über das Sachwertverfahren. Die dort beschriebene Berechnung ist identisch.

So bestimmen Sie den Wert der baulichen Anlagen

Reinertrag

Beim Ertragswertverfahren ist das wesentliche Element der nachhaltig erzielbare jährliche Reinertrag. Dieser entspricht dem Rohertrag nach Abzug der Bewirtschaftungskosten.

Das Ertragswertverfahren (Vereinfachtes Rechenschema)

	Jahresrohertrag
minus	Bewirtschaftungskosten
=	Grundstücksreinertrag
minus	Verzinsung des Bodenwerts
=	Reinertrag der baulichen Anlagen
x	Vervielfältiger
=	Ertragswert der baulichen Anlagen
plus	Bodenwert
=	Vorläufiger Ertragswert
plus/minus	Angleichung an den Verkehrswert
plus/minus	Abschläge/Zuschläge wegen sonstiger wertbeeinflussender Umstände
	Ertragswert

Verzinsungsbetrag des Bodenwerts

Kürzen Sie den Reinertrag des Grundstücks um den sogenannten Verzinsungsbetrag des Bodenwerts.

Vervielfältiger

Der verbleibende Reinertrag der baulichen Anlagen wird als Jahresbetrag mit einem maßgebenden Vervielfältiger multipliziert.

Die wichtigsten Fachbegriffe

Jahresrohertrag

Zum Jahresrohertrag zählen alle Einnahmen, die Sie bei einer ordnungsgemäßen Bewirtschaftung des Grundstücks marktüblich erzielen können. Neben der Miete oder Pacht sind das auch andere Leistungen des Mieters oder Pächters. Insbesondere zählen Baukostenzuschüsse oder Mietvorauszahlungen zum Rohertrag, wenn diese Zahlungen auf die Miete angerechnet werden.

Nach der bisher geltenden Wertermittlungsverordnung wurde beim Ertragswertverfahren immer auf die nachhaltig erzielbaren Erträge abgestellt. Die seit 1.7.2010 geltende Immobilienwertermittlungsverordnung stellt dagegen einen stärkeren Marktbezug her, indem sie den Ansatz des Rohertrags vorschreibt, der bei ordnungsgemäßer Bewirtschaftung und zulässiger Nutzung marktüblich erzielbar ist.

Praxis-Tipp:

Ist der Mieter zur Übernahme der Schönheitsreparaturen verpflichtet oder zahlt er eigenständige Vergütungen für die Nutzung des Hausgartens, erhöht dies ebenfalls den Rohertrag.

Diese Einnahmen gehören zum Rohertrag:

- Miete
- Pacht
- Übernahme der Schönheitsreparaturen durch den Mieter
- Entgelte für die Fernsehgemeinschaftsantenne
- Entgelte für die zentrale Waschanlage

- Entgelte für Einbauschränke
- Entgelte für die Benutzung von Küchenmöbeln
- Entgelte für die Benutzung von Gartenanlagen
- Entgelte für die Benutzung von Stellplätzen

Praxis-Tipp:

Beachten Sie, dass der Rohertrag um die sogenannten Bewirtschaftungskosten zu kürzen ist. Zu den Bewirtschaftungskosten zählen auch die Betriebskosten. Gehören diese zur Miete, bleiben diese zwar Teil des Rohertrags, werden aber bei der Berechnung des Reinertrags wieder abgezogen. Im Ergebnis erhalten Sie eine Nettomiete.

Bewirtschaftungskosten

Der Jahresrohertrag ist um die Bewirtschaftungskosten zu mindern. Als Bewirtschaftungskosten sind die für eine ordnungsgemäße Bewirtschaftung und zulässige Nutzung marktüblich entstehenden jährlichen Aufwendungen zu berücksichtigen, die nicht durch Umlagen oder sonstige Kostenübernahmen gedeckt sind.

Zu den Bewirtschaftungskosten zählen:

- Verwaltungskosten
- Instandhaltungskosten
- Mietausfallwagnis
- Betriebskosten

Zu den Betriebskosten werden gerechnet:

- Grundsteuer
- Kosten der Wasserversorgung
- Kosten der Entwässerung
- Kosten für zentrale Heizungsanlage einschließlich Wartung und Reinigung

- Kosten für zentrale Wasserversorgung
- Kosten des Betriebs von Aufzügen
- Gebühren für Straßenreinigung und Müllabfuhr
- Kosten für Hausreinigung
- Kosten der Gartenpflege
- Kosten der Beleuchtung (Allgemeinstrom)
- Schornsteinfegergebühren
- Beiträge zur Gebäudehaftpflicht- und -sachversicherung
- Kosten für den Hauswart
- Kosten für Gemeinschaftsantenne oder Kabelanschluss
- Kosten des Betriebs der maschinellen Wascheinrichtung
- Betriebskosten von Nebengebäuden, Anlagen und Einrichtungen

Instandhaltungskosten

Zu den kleineren Instandhaltungskosten, die durch Mieter übernommen werden, zählen nur Aufwendungen, die kleine Schäden betreffen. Das sind beispielsweise Schäden an Installationsgeräten für Elektrizität, Wasser und Gas. Zu den Instandhaltungskosten gehören auch Aufwendungen zum Beheben kleinerer Schäden an Heizeinrichtungen oder Fenster- und Türverschlüssen sowie Verschlussvorrichtungen bei Fensterläden.

Fehlen Ihnen die genauen Instandhaltungskosten, können Sie sich an der nachstehenden Tabelle orientieren.

Baujahr	Instandhaltungskosten pro Jahr EUR/qm
bis 1952	7,75 EUR
1953–1969	7,25 EUR
1970–1979	5,75 EUR
ab 1980	4,50 EUR

Baujahr	Abschläge bei ohne Dusche, ohne Bad EUR/qm	Abschläge bei kleinere Instandhaltung durch Mieter EUR/qm
bis 1952	0,65 EUR	0,95 EUR
1953–1969	0,65 EUR	0,95 EUR
1970–1979	0,65 EUR	0,95 EUR
ab 1980	0,65 EUR	0,95 EUR

Baujahr	Zuschläge bei Sammelheizung EUR/qm	Zuschläge bei Aufzug EUR/qm
bis 1952	0,55 EUR	0,50 EUR
1953–1969	0,55 EUR	0,50 EUR
1970–1979	0,55 EUR	0,50 EUR
ab 1980	0,55 EUR	0,50 EUR

Mietausfallwagnis

Es spielt keine Rolle, ob Räume leer stehen oder ob Mietrückstände letztlich uneinbringlich sind. Dies gehört zum Mietausfallwagnis. Im Allgemeinen reicht es, wenn Sie mit 2 % des Rohertrags als Mietausfallwagnis kalkulieren. Bei gewerblich genutzten Räumen müssen Sie vorsichtiger kalkulieren. Setzen Sie hier 2,5 bis 4 % des Rohertrags als Mietausfallwagnis an.

Verzinsung des Bodenwerts

Kürzen Sie den Reinertrag des Grundstücks um den Betrag, mit dem der Bodenwert verzinst wird. Diesen Betrag ermitteln Sie, indem Sie den maßgebenden Liegenschaftszins mit dem Wert des Grund und Bodens multiplizieren.

Beispiel:

Der Reinertrag eines Grundstücks beträgt 25.000 EUR. Den Bodenwert haben Sie mit 100.000 EUR ermittelt. Es ist ein Liegenschaftszins von 4 % maßgebend.

Reinertrag des Grundstücks	25.000 EUR
Verzinsungsbetrag des Bodenwerts	
$\frac{100.000 \text{ EUR} \times 4}{100} =$	– 4.000 EUR
Reinertrag der baulichen Anlagen	21.000 EUR

Liegenschaftszinssatz

5

Eine zentrale Bedeutung bei der Wertermittlung hat der Liegenschaftszinssatz. Bei der Entscheidung, welchen Zinssatz Sie letztlich bei der Bewertung ansetzen müssen, richten Sie sich nach den Verhältnissen auf dem örtlichen Grundstücksmarkt. Auch Art und Restnutzungsdauer der baulichen Anlagen spielen beim Liegenschaftszins eine Rolle.

Definition: Die Liegenschaftszinssätze sind Kapitalisierungszinssätze. Es handelt sich dabei um die Zinssätze, mit denen der Verkehrswert von Grundstücken je nach Grundstücksart im Durchschnitt marktüblich verzinst wird. Sie sind auf der Grundlage geeigneter Kaufpreise und der ihnen entsprechenden Reinerträge für gleichartig bebaute und genutzte Grundstücke unter Berücksichtigung der Restnutzungsdauer der Gebäude abzuleiten.

Wichtig: Diese Arbeit übernimmt der örtlich zuständige Gutachterausschuss für Sie.

Praxis-Tipp:

Erkundigen Sie sich bei Ihrem Gutachterausschuss, welche aktuellen Liegenschaftszinssätze für Ihr Grundstück ermittelt worden sind.

Wichtig: Je niedriger die Verzinsung, desto höher ist der Wert der baulichen Anlage.

Fehlen Ihnen genaue Angaben zu den Liegenschaftszinssätzen, können Sie sich an der nachstehenden Übersicht orientieren. Beachten Sie dabei, dass die Wahl des zutreffenden Zinssatzes auch bei den Sachverständigen Fingerspitzengefühl erfordert. Die Tabelle ist deshalb nur ein grober Anhaltspunkt.

Liegenschaftszinssätze

Grundstücksart	Liegenschaftszinssatz	
	ländliche Gebiete	übrige Gebiete
Einfamilienhäuser	2,0 % bis 3,0 %	3,0 % bis 4,0 %
Zweifamilienhäuser	3,5 %	4,0 %
Mietwohngrundstücke	4,0 %	4,0 % bis 5,0 %
Gemischtgenutzte Grundstücke	4,5 % bis 5,0 %	5,0 % bis 5,5 %
Geschäftsgrundstücke	5,5 %	6,0 % bis 6,5 %
Bürohäuser	6,0 % bis 6,5 %	
Warenhäuser	6,5 % bis 7,5 %	
Hotels	6,5 % bis 7,0 %	
Gaststätten	6,5 % bis 7,0 %	
Parkhäuser	6,0 % bis 7,5 %	
Lagerhallen	6,0 % bis 7,0 %	
Werkstätten	6,5 % bis 8,0 %	
Fabriken	7,5 % bis 9,0 %	
Verbrauchermärkte	6,5 % bis 7,5 %	

Praxis-Tipp:

In der Tabelle sind zwar auch Liegenschaftszinssätze für Ein- und Zweifamilienhäuser aufgeführt. Vergessen Sie jedoch nicht, dass es sich bei diesen Objekten um typische Sachwertobjekte handelt, die normalerweise nicht im Ertragswertverfahren bewertet werden.

Vervielfältiger-Tabelle

Berechnen Sie den Ertragswert der baulichen Anlagen, indem Sie deren Reinertrag mit dem Vervielfältiger multiplizieren, der sich aus nachstehender Tabelle ergibt. Unterscheiden Sie beim Vervielfältiger, welche Restnutzungsdauer das Gebäude noch hat und welcher Liegenschaftszins maßgebend ist.

Restnutzungsdauer in Jahren	Zinssatz					
	3,0 %	4,0 %	5,0 %	6,0 %	7,0 %	8,0 %
	Vervielfältiger					
5	4,65	4,45	4,33	4,21	4,10	3,99
10	8,53	8,11	7,72	7,36	7,02	6,71
15	11,94	11,12	10,38	9,71	9,11	8,56
20	14,88	13,59	12,45	11,47	10,59	9,82
25	17,41	15,62	14,09	12,78	11,65	10,67
30	19,60	17,29	15,37	13,76	12,41	11,26
35	21,49	18,66	16,37	14,50	12,95	11,65
40	23,11	19,79	17,16	15,05	13,33	11,92
45	24,52	20,72	18,26	15,46	13,61	12,11
50	25,73	21,48	18,63	15,76	13,80	12,23
55	26,77	22,11	18,93	15,99	13,94	12,32
60	27,68	22,62	19,16	16,16	14,04	12,38
65	28,45	23,05	19,34	16,29	14,11	12,42
70	29,12	23,39	19,48	16,38	14,16	12,44
75	29,70	23,68	19,48	16,46	14,20	12,46
80	30,20	23,92	19,60	16,51	14,22	12,47
85	30,63	24,11	19,68	16,55	14,24	12,48
90	31,00	24,27	19,75	16,58	14,25	12,49
95	31,32	24,40	19,81	16,60	14,26	12,49
100	31,60	24,50	19,85	16,62	14,27	12,49

Beispiel:

Rebekka B. will ein Miethaus kaufen. Sie kalkuliert, welcher Kaufpreis angemessen ist. Sie hat folgende Daten in der nachstehenden Checkliste zusammengetragen:

Daten für das Ertragswertverfahren

Restnutzungsdauer	80 Jahre
aktueller Liegenschaftszins	4 %
Bodenwert	150.000 EUR
Rohertrag	60.000 EUR
Bewirtschaftungskosten	
Betriebskosten	5.000 EUR
Instandhaltungskosten	6.000 EUR
Mietausfallwagnis	1.500 EUR

In diesem Beispielsfall ist davon auszugehen, dass weder eine Marktanpassung noch die Berücksichtigung von Mängeln und Schäden erforderlich ist.

Mit diesen Daten kann Rebekka B. den Verkehrswert im Ertragswertverfahren bestimmen. Sie benutzt dazu folgendes Schema:

Berechnung des Verkehrswerts im Ertragswertverfahren:

Bodenwert			150.000 EUR
Wert der baulichen Anlage			
Rohertrag		60.000 EUR	
abzüglich Betriebskosten	5.000 EUR		
Instandhaltungskosten	6.000 EUR		
Mietausfallwagnis	1.500 EUR		
Bewirtschaftungskosten	12.500 EUR	–12.500 EUR	
Reinertrag des Grundstücks		47.500 EUR	
abzüglich Verzinsung des Bodenwerts $\frac{150.000\text{ EUR} \times 4}{100}$ =		– 6.000 EUR	
Reinertrag der baulichen Anlage		41.500 EUR	
Vervielfältiger laut Tabelle		23,92	
Ertragswert der baulichen Anlage 41.500 EUR × 23,92 =		992.680 EUR	992.680 EUR
Ertragswert des Grundstücks			1.092.680 EUR
Verkehrswert, gerundet			**1.100.000 EUR**

Vereinfachtes Ertragswertverfahren

Seit 1.7.2010 ist mit der Immobilienwertermittlungsverordnung neben dem bereits dargestellten „allgemeinen Ertragswertverfahren" das „vereinfachte Ertragswertverfahren" eingeführt worden.

Beim vereinfachten Ertragswertverfahren ist der Reinertrag mit einem Barwertfaktor zu kapitalisieren, der sich unter Berücksichtigung der Restnutzungsdauer und des jeweiligen Liegenschaftszinssatzes ergibt. Zusätzlich ist der Bodenwert anzusetzen, der jedoch abzuzinsen ist.

Ertragswertverfahren

Es ergibt sich folgendes Rechenschema:

	Jahresrohertrag	...... EUR
–	Bewirtschaftungskosten	...... EUR
=	Jahresreinertrag	...... EUR
×	Rentenbarwertfaktor für die Kapitalisierung	...... EUR
=	Gebäudeertragswert	...... EUR
+	über die Restnutzungsdauer diskontierter (abgezinster) Bodenwert	...... EUR
=	**Ertragswert**	**...... EUR**

5

Der Jahresrohertrag sowie die Bewirtschaftungskosten und demzufolge der Jahresreinertrag entsprechen den Beträgen, die Sie auch im allgemeinen Ertragswertverfahren ansetzen. Somit ist der Reinertrag identisch.

Das vereinfachte Ertragswertverfahren geht nun von dem Gedanken aus, dass der Reinertrag bis zum Ende der Restnutzungsdauer zufließt. Deshalb ergibt sich nach Multiplikation mit einem Vervielfältiger der Ertragswert über die Restnutzungsdauer. Dieser Ertragswert entspricht einem Barwert der Reinerträge.

Nach Ablauf der Restnutzungsdauer kommt dem Gebäude kein eigener Wert mehr zu. Der Bodenwert ist am Ende der Restnutzungsdauer dagegen unverändert existent. Um diesen Wert am Ende der Restnutzungsdauer im Bewertungszeitpunkt zutreffend abzubilden, ist der Bodenwert über die Restnutzungsdauer abzuzinsen und der Ertragswert über die Restnutzungsdauer hinzuzurechnen.

Die Summe aus dem Ertragswert über die Restnutzungsdauer und dem abgezinsten Bodenwert ist der – vorläufige – Ertragswert im vereinfachten Ertragswertverfahren. Sofern keine objektspezifischen Grundstücksmerkmale zu berücksichtigen und demzufolge keine Wertkorrekturen erforderlich sind, entspricht der vorläufige Ertragswert dem maßgebenden Ertragswert.

Barwertfaktoren

Die Barwertfaktoren ergeben sich aus den Anlagen zur Immobilienwertermittlungsverordnung (vgl. Seite 54 bis 61).

Um die Barwertfaktoren für die Abzinsung richtig anzuwenden, müssen Sie als Zinssatz den Liegenschaftszinssatz zugrunde legen. Den für das zu bewertende Grundstück geltenden Liegenschaftszinssatz entnehmen Sie dem Grundstücksmarktbericht des Gutachterausschusses. Die Liegenschaftszinssätze sind die Zinssätze, mit denen Verkehrswerte von Grundstücken je nach Grundstücksart im Durchschnitt marktüblich verzinst werden. Die Gutachterausschüsse ermitteln sie auf der Grundlage geeigneter Kaufpreise. Dabei berücksichtigen die Gutachterausschüsse die entsprechenden Reinerträge für gleichartig bebaute und genutzte Grundstücke unter Berücksichtigung der Restnutzungsdauer der Gebäude.

Beispiel:

Das Grundstück mit den nachstehenden Daten ist zu bewerten.

Bodenwert	100.000 EUR
Rohertrag	120.000 EUR pro Jahr
Bewirtschaftungskosten	30.000 EUR
Liegenschaftszinssatz	6%
Restnutzungsdauer	75 Jahre

Vereinfachtes Ertragswertverfahren

Rohertrag		120.000 EUR
Abzüglich Bewirtschaftungskosten		– 30.000 EUR
Reinertrag		90.000 EUR
Gebäudereinertrag		90.000 EUR
Vervielfältiger		16,46
Gebäudeertragswert		1.481.400 EUR
Bodenwert	100.000 EUR	
Barwertfaktor für den Bodenwert	0,0126	
Abgezinster Bodenwert	1.260 EUR	1.260 EUR
Ertragswert		1.482.660 EUR

Es gelten folgende Barwertfaktoren für die Kapitalisierung:

Restnutzungsdauer von … Jahren	Zinssatz																		
	1,0 %	1,5 %	2,0 %	2,5 %	3,0 %	3,5 %	4,0 %	4,5 %	5,0 %	5,5 %	6,0 %	6,5 %	7,0 %	7,5 %	8,0 %	8,5 %	9,0 %	9,5 %	10,0 %
1	0,99	0,99	0,98	0,98	0,97	0,97	0,96	0,96	0,95	0,95	0,94	0,94	0,93	0,93	0,93	0,92	0,92	0,91	0,91
2	1,97	1,96	1,94	1,93	1,91	1,90	1,89	1,87	1,86	1,85	1,83	1,82	1,81	1,80	1,78	1,77	1,76	1,75	1,74
3	2,94	2,91	2,88	2,86	2,83	2,80	2,78	2,75	2,72	2,70	2,67	2,65	2,62	2,60	2,58	2,55	2,53	2,51	2,49
4	3,90	3,85	3,81	3,76	3,72	3,67	3,63	3,59	3,55	3,51	3,47	3,43	3,39	3,35	3,31	3,28	3,24	3,20	3,17
5	4,85	4,78	4,71	4,65	4,58	4,52	4,45	4,39	4,33	4,27	4,21	4,16	4,10	4,05	3,99	3,94	3,89	3,84	3,79
6	5,80	5,70	5,60	5,51	5,42	5,33	5,24	5,16	5,08	5,00	4,92	4,84	4,77	4,69	4,62	4,55	4,49	4,42	4,36
7	6,73	6,60	6,47	6,35	6,23	6,11	6,00	5,89	5,79	5,68	5,58	5,48	5,39	5,30	5,21	5,12	5,03	4,95	4,87
8	7,65	7,49	7,33	7,17	7,02	6,87	6,73	6,60	6,46	6,33	6,21	6,09	5,97	5,86	5,75	5,64	5,53	5,43	5,33
9	8,57	8,36	8,16	7,97	7,79	7,61	7,44	7,27	7,11	6,95	6,80	6,66	6,52	6,38	6,25	6,12	6,00	5,88	5,76
10	9,47	9,22	8,98	8,75	8,53	8,32	8,11	7,91	7,72	7,54	7,36	7,19	7,02	6,86	6,71	6,56	6,42	6,28	6,14
11	10,37	10,07	9,79	9,51	9,25	9,00	8,76	8,53	8,31	8,09	7,89	7,69	7,50	7,32	7,14	6,97	6,81	6,65	6,50
12	11,26	10,91	10,58	10,26	9,95	9,66	9,39	9,12	8,86	8,62	8,38	8,16	7,94	7,74	7,54	7,34	7,16	6,98	6,81
13	12,13	11,73	11,35	10,98	10,63	10,30	9,99	9,68	9,39	9,12	8,85	8,60	8,36	8,13	7,90	7,69	7,49	7,29	7,10
14	13,00	12,54	12,11	11,69	11,30	10,92	10,56	10,22	9,90	9,59	9,29	9,01	8,75	8,49	8,24	8,01	7,79	7,57	7,37
15	13,87	13,34	12,85	12,38	11,94	11,52	11,12	10,74	10,38	10,04	9,71	9,40	9,11	8,83	8,56	8,30	8,06	7,83	7,61
16	14,72	14,13	13,58	13,06	12,56	12,09	11,65	11,23	10,84	10,46	10,11	9,77	9,45	9,14	8,85	8,58	8,31	8,06	7,82
17	15,56	14,91	14,29	13,71	13,17	12,65	12,17	11,71	11,27	10,86	10,48	10,11	9,76	9,43	9,12	8,83	8,54	8,28	8,02
18	16,40	15,67	14,99	14,35	13,75	13,19	12,66	12,16	11,69	11,25	10,83	10,43	10,06	9,71	9,37	9,06	8,76	8,47	8,20
19	17,23	16,43	15,68	14,98	14,32	13,71	13,13	12,59	12,09	11,61	11,16	10,73	10,34	9,96	9,60	9,27	8,95	8,65	8,36
20	18,05	17,17	16,35	15,59	14,88	14,21	13,59	13,01	12,46	11,95	11,47	11,02	10,59	10,19	9,82	9,46	9,13	8,81	8,51
21	18,86	17,90	17,01	16,18	15,42	14,70	14,03	13,40	12,82	12,28	11,76	11,28	10,84	10,41	10,02	9,64	9,29	8,96	8,65
22	19,66	18,62	17,66	16,77	15,94	15,17	14,45	13,78	13,16	12,58	12,04	11,54	11,06	10,62	10,20	9,81	9,44	9,10	8,77
23	20,46	19,33	18,29	17,33	16,44	15,62	14,86	14,15	13,49	12,88	12,30	11,77	11,27	10,81	10,37	9,96	9,58	9,22	8,88
24	21,24	20,03	18,91	17,88	16,94	16,06	15,25	14,50	13,80	13,15	12,55	11,99	11,47	10,98	10,53	10,10	9,71	9,33	8,98
25	22,02	20,72	19,52	18,42	17,41	16,48	15,62	14,83	14,09	13,41	12,78	12,20	11,65	11,15	10,67	10,23	9,82	9,44	9,08
26	22,80	21,40	20,12	18,95	17,88	16,89	15,98	15,15	14,38	13,66	13,00	12,39	11,83	11,30	10,81	10,35	9,93	9,53	9,16
27	23,56	22,07	20,71	19,46	18,33	17,29	16,33	15,45	14,64	13,90	13,21	12,57	11,99	11,44	10,94	10,46	10,03	9,62	9,24
28	24,32	22,73	21,28	19,96	18,76	17,67	16,66	15,74	14,90	14,12	13,41	12,75	12,14	11,57	11,05	10,57	10,12	9,70	9,31
29	25,07	23,38	21,84	20,45	19,19	18,04	16,98	16,02	15,14	14,33	13,59	12,91	12,28	11,70	11,16	10,66	10,20	9,77	9,37
30	25,81	24,02	22,40	20,93	19,60	18,39	17,29	16,29	15,37	14,53	13,76	13,06	12,41	11,81	11,26	10,75	10,27	9,83	9,43

Restnutzungsdauer von … Jahren	Zinssatz																		
	1,0 %	1,5 %	2,0 %	2,5 %	3,0 %	3,5 %	4,0 %	4,5 %	5,0 %	5,5 %	6,0 %	6,5 %	7,0 %	7,5 %	8,0 %	8,5 %	9,0 %	9,5 %	10,0 %
31	26,54	24,65	22,94	21,40	20,00	18,74	17,59	16,54	15,59	14,72	13,93	13,20	12,53	11,92	11,35	10,83	10,34	9,89	9,48
32	27,27	25,27	23,47	21,85	20,39	19,07	17,87	16,79	15,80	14,90	14,08	13,33	12,65	12,02	11,43	10,90	10,41	9,95	9,53
33	27,99	25,88	23,99	22,29	20,77	19,39	18,15	17,02	16,00	15,08	14,23	13,46	12,75	12,11	11,51	10,97	10,46	10,00	9,57
34	28,70	26,48	24,50	22,72	21,13	19,70	18,41	17,25	16,19	15,24	14,37	13,58	12,85	12,19	11,59	11,03	10,52	10,05	9,61
35	29,41	27,08	25,00	23,15	21,49	20,00	18,66	17,46	16,37	15,39	14,50	13,69	12,95	12,27	11,65	11,09	10,57	10,09	9,64
36	30,11	27,66	25,49	23,56	21,83	20,29	18,91	17,67	16,55	15,54	14,62	13,79	13,04	12,35	11,72	11,14	10,61	10,13	9,68
37	30,80	28,24	25,97	23,96	22,17	20,57	19,14	17,86	16,71	15,67	14,74	13,89	13,12	12,42	11,78	11,19	10,65	10,16	9,71
38	31,48	28,81	26,44	24,35	22,49	20,84	19,37	18,05	16,87	15,80	14,85	13,98	13,19	12,48	11,83	11,23	10,69	10,19	9,73
39	32,16	29,36	26,90	24,73	22,81	21,10	19,58	18,23	17,02	15,93	14,95	14,06	13,26	12,54	11,88	11,28	10,73	10,22	9,76
40	32,83	29,92	27,36	25,10	23,11	21,36	19,79	18,40	17,16	16,05	15,05	14,15	13,33	12,59	11,92	11,31	10,76	10,25	9,78
41	33,50	30,46	27,80	25,47	23,41	21,60	19,99	18,57	17,29	16,16	15,14	14,22	13,39	12,65	11,97	11,35	10,79	10,27	9,80
42	34,16	30,99	28,23	25,82	23,70	21,83	20,19	18,72	17,42	16,26	15,22	14,29	13,45	12,69	12,01	11,38	10,81	10,29	9,82
43	34,81	31,52	28,66	26,17	23,98	22,06	20,37	18,87	17,55	16,36	15,31	14,36	13,51	12,74	12,04	11,41	10,84	10,31	9,83
44	35,46	32,04	29,08	26,50	24,25	22,28	20,55	19,02	17,66	16,46	15,38	14,42	13,56	12,78	12,08	11,44	10,86	10,33	9,85
45	36,09	32,55	29,49	26,83	24,52	22,50	20,72	19,16	17,77	16,55	15,46	14,48	13,61	12,82	12,11	11,47	10,88	10,35	9,86
46	36,73	33,06	29,89	27,15	24,78	22,70	20,88	19,29	17,88	16,63	15,52	14,54	13,65	12,85	12,14	11,49	10,90	10,36	9,88
47	37,35	33,55	30,29	27,47	25,02	22,90	21,04	19,41	17,98	16,71	15,59	14,59	13,69	12,89	12,16	11,51	10,92	10,38	9,89
48	37,97	34,04	30,67	27,77	25,27	23,09	21,20	19,54	18,08	16,79	15,65	14,64	13,73	12,92	12,19	11,53	10,93	10,39	9,90
49	38,59	34,52	31,05	28,07	25,50	23,28	21,34	19,65	18,17	16,86	15,71	14,68	13,77	12,95	12,21	11,55	10,95	10,40	9,91
50	39,20	35,00	31,42	28,36	25,73	23,46	21,48	19,76	18,26	16,93	15,76	14,72	13,80	12,97	12,23	11,57	10,96	10,41	9,91
51	39,80	35,47	31,79	28,65	25,95	23,63	21,62	19,87	18,34	17,00	15,81	14,76	13,83	13,00	12,25	11,58	10,97	10,42	9,92
52	40,39	35,93	32,14	28,92	26,17	23,80	21,75	19,97	18,42	17,06	15,86	14,80	13,86	13,02	12,27	11,60	10,99	10,43	9,93
53	40,98	36,38	32,50	29,19	26,37	23,96	21,87	20,07	18,49	17,12	15,91	14,84	13,89	13,04	12,29	11,61	11,00	10,44	9,94
54	41,57	36,83	32,84	29,46	26,58	24,11	21,99	20,16	18,57	17,17	15,95	14,87	13,92	13,06	12,30	11,62	11,01	10,45	9,94
55	42,15	37,27	33,17	29,71	26,77	24,26	22,11	20,25	18,63	17,23	15,99	14,90	13,94	13,08	12,32	11,63	11,01	10,45	9,95
56	42,72	37,71	33,50	29,96	26,97	24,41	22,22	20,33	18,70	17,28	16,03	14,93	13,96	13,10	12,33	11,64	11,02	10,46	9,95
57	43,29	38,13	33,83	30,21	27,15	24,55	22,33	20,41	18,76	17,32	16,06	14,96	13,98	13,12	12,34	11,65	11,03	10,47	9,96
58	43,85	38,56	34,15	30,45	27,33	24,69	22,43	20,49	18,82	17,37	16,10	14,99	14,00	13,13	12,36	11,66	11,04	10,47	9,96
59	44,40	38,97	34,46	30,68	27,51	24,82	22,53	20,57	18,88	17,41	16,13	15,01	14,02	13,15	12,37	11,67	11,04	10,48	9,96
60	44,96	39,38	34,76	30,91	27,68	24,94	22,62	20,64	18,93	17,45	16,16	15,03	14,04	13,16	12,38	11,68	11,05	10,48	9,97
61	45,50	39,78	35,06	31,13	27,84	25,07	22,71	20,71	18,98	17,49	16,19	15,05	14,06	13,17	12,39	11,68	11,05	10,48	9,97
62	46,04	40,18	35,35	31,35	28,00	25,19	22,80	20,77	19,03	17,52	16,22	15,07	14,07	13,18	12,39	11,69	11,06	10,49	9,97

Restnutzungsdauer von ... Jahren	Zinssatz 1,0 %	1,5 %	2,0 %	2,5 %	3,0 %	3,5 %	4,0 %	4,5 %	5,0 %	5,5 %	6,0 %	6,5 %	7,0 %	7,5 %	8,0 %	8,5 %	9,0 %	9,5 %	10,0 %
63	46,57	40,57	35,64	31,56	28,16	25,30	22,89	20,83	19,08	17,56	16,24	15,09	14,08	13,19	12,40	11,70	11,06	10,49	9,98
64	47,10	40,96	35,92	31,76	28,31	25,41	22,97	20,89	19,12	17,59	16,27	15,11	14,10	13,20	12,41	11,70	11,07	10,49	9,98
65	47,63	41,34	36,20	31,96	28,45	25,52	23,05	20,95	19,16	17,62	16,29	15,13	14,11	13,21	12,42	11,71	11,07	10,50	9,98
66	48,15	41,71	36,47	32,16	28,60	25,62	23,12	21,01	19,20	17,65	16,31	15,14	14,12	13,22	12,42	11,71	11,07	10,50	9,98
67	48,66	42,08	36,73	32,35	28,73	25,72	23,19	21,06	19,24	17,68	16,33	15,16	14,13	13,23	12,43	11,71	11,08	10,50	9,98
68	49,17	42,44	36,99	32,54	28,87	25,82	23,26	21,11	19,28	17,70	16,35	15,17	14,14	13,24	12,43	11,72	11,08	10,50	9,98
69	49,67	42,80	37,25	32,72	29,00	25,91	23,33	21,16	19,31	17,73	16,37	15,19	14,15	13,24	12,44	11,72	11,08	10,51	9,99
70	50,17	43,15	37,50	32,90	29,12	26,00	23,39	21,20	19,34	17,75	16,38	15,20	14,16	13,25	12,44	11,73	11,08	10,51	9,99
71	50,66	43,50	37,74	33,07	29,25	26,09	23,46	21,25	19,37	17,78	16,40	15,21	14,17	13,25	12,45	11,73	11,09	10,51	9,99
72	51,15	43,84	37,98	33,24	29,37	26,17	23,52	21,29	19,40	17,80	16,42	15,22	14,18	13,26	12,45	11,73	11,09	10,51	9,99
73	51,63	44,18	38,22	33,40	29,48	26,25	23,57	21,33	19,43	17,82	16,43	15,23	14,18	13,27	12,45	11,73	11,09	10,51	9,99
74	52,11	44,51	38,45	33,57	29,59	26,33	23,63	21,37	19,46	17,84	16,44	15,24	14,19	13,27	12,46	11,74	11,09	10,51	9,99
75	52,59	44,84	38,68	33,72	29,70	26,41	23,68	21,40	19,48	17,85	16,46	15,25	14,20	13,27	12,46	11,74	11,09	10,51	9,99
76	53,06	45,16	38,90	33,88	29,81	26,48	23,73	21,44	19,51	17,87	16,47	15,26	14,20	13,28	12,46	11,74	11,10	10,52	9,99
77	53,52	45,48	39,12	34,03	29,91	26,55	23,78	21,47	19,53	17,89	16,48	15,26	14,21	13,28	12,47	11,74	11,10	10,52	9,99
78	53,98	45,79	39,33	34,17	30,01	26,62	23,83	21,50	19,56	17,90	16,49	15,27	14,21	13,29	12,47	11,74	11,10	10,52	9,99
79	54,44	46,10	39,54	34,31	30,11	26,68	23,87	21,54	19,58	17,92	16,50	15,28	14,22	13,29	12,47	11,75	11,10	10,52	9,99
80	54,89	46,41	39,74	34,45	30,20	26,75	23,92	21,57	19,60	17,93	16,51	15,28	14,22	13,29	12,47	11,75	11,10	10,52	10,00
81	55,33	46,71	39,95	34,59	30,29	26,81	23,96	21,59	19,62	17,94	16,52	15,29	14,23	13,30	12,48	11,75	11,10	10,52	10,00
82	55,78	47,00	40,14	34,72	30,38	26,87	24,00	21,62	19,63	17,96	16,53	15,30	14,23	13,30	12,48	11,75	11,10	10,52	10,00
83	56,21	47,29	40,34	34,85	30,47	26,93	24,04	21,65	19,65	17,97	16,53	15,30	14,23	13,30	12,48	11,75	11,10	10,52	10,00
84	56,65	47,58	40,53	34,97	30,55	26,98	24,07	21,67	19,67	17,98	16,54	15,31	14,24	13,30	12,48	11,75	11,10	10,52	10,00
85	57,08	47,86	40,71	35,10	30,63	27,04	24,11	21,70	19,68	17,99	16,55	15,31	14,24	13,30	12,48	11,75	11,10	10,52	10,00
86	57,50	48,14	40,89	35,22	30,71	27,09	24,14	21,72	19,70	18,00	16,56	15,32	14,24	13,31	12,48	11,75	11,10	10,52	10,00
87	57,92	48,41	41,07	35,33	30,79	27,14	24,18	21,74	19,71	18,01	16,56	15,32	14,25	13,31	12,48	11,75	11,10	10,52	10,00
88	58,34	48,68	41,25	35,45	30,86	27,19	24,21	21,76	19,73	18,02	16,57	15,32	14,25	13,31	12,49	11,76	11,11	10,52	10,00
89	58,75	48,95	41,42	35,56	30,93	27,23	24,24	21,78	19,74	18,03	16,57	15,33	14,25	13,31	12,49	11,76	11,11	10,52	10,00
90	59,16	49,21	41,59	35,67	31,00	27,28	24,27	21,80	19,75	18,03	16,58	15,33	14,25	13,31	12,49	11,76	11,11	10,52	10,00
91	59,57	49,47	41,75	35,77	31,07	27,32	24,30	21,82	19,76	18,04	16,58	15,33	14,26	13,31	12,49	11,76	11,11	10,52	10,00
92	59,97	49,72	41,91	35,87	31,14	27,37	24,32	21,83	19,78	18,05	16,59	15,34	14,26	13,32	12,49	11,76	11,11	10,52	10,00
93	60,36	49,97	42,07	35,98	31,20	27,41	24,35	21,85	19,79	18,06	16,59	15,34	14,26	13,32	12,49	11,76	11,11	10,52	10,00
94	60,75	50,22	42,23	36,07	31,26	27,45	24,37	21,87	19,80	18,06	16,60	15,34	14,26	13,32	12,49	11,76	11,11	10,52	10,00

Restnutzungsdauer von … Jahren	Zinssatz																		
	1,0 %	1,5 %	2,0 %	2,5 %	3,0 %	3,5 %	4,0 %	4,5 %	5,0 %	5,5 %	6,0 %	6,5 %	7,0 %	7,5 %	8,0 %	8,5 %	9,0 %	9,5 %	10,0 %
95	61,14	50,46	42,38	36,17	31,32	27,48	24,40	21,88	19,81	18,07	16,60	15,35	14,26	13,32	12,49	11,76	11,11	10,52	10,00
96	61,53	50,70	42,53	36,26	31,38	27,52	24,42	21,90	19,82	18,08	16,60	15,35	14,26	13,32	12,49	11,76	11,11	10,52	10,00
97	61,91	50,94	42,68	36,35	31,44	27,56	24,44	21,91	19,82	18,08	16,61	15,35	14,27	13,32	12,49	11,76	11,11	10,52	10,00
98	62,29	51,17	42,82	36,44	31,49	27,59	24,46	21,92	19,83	18,09	16,61	15,35	14,27	13,32	12,49	11,76	11,11	10,52	10,00
99	62,66	51,40	42,96	36,53	31,55	27,62	24,49	21,94	19,84	18,09	16,61	15,35	14,27	13,32	12,49	11,76	11,11	10,52	10,00
100	63,03	51,62	43,10	36,61	31,60	27,66	24,50	21,95	19,85	18,10	16,62	15,36	14,27	13,32	12,49	11,76	11,11	10,53	10,00

Berechnungsvorschrift für die der Tabelle nicht zu entnehmenden Barwertfaktoren für die Kapitalisierung

$$\text{Kapitalisierungsfaktor} = \frac{q^n - 1}{q^n \times (q - 1)}$$

$$q = 1 + \frac{p}{100}$$

p = Liegenschaftszinssatz
n = Restnutzungsdauer

5

Es gelten folgende Barwertfaktoren für die Abzinsung:

Restnutzungsdauer von … Jahren	Zinssatz																		
	1,0 %	1,5 %	2,0 %	2,5 %	3,0 %	3,5 %	4,0 %	4,5 %	5,0 %	5,5 %	6,0 %	6,5 %	7,0 %	7,5 %	8,0 %	8,5 %	9,0 %	9,5 %	10,0 %
1	0,9901	0,9852	0,9804	0,9756	0,9709	0,9662	0,9615	0,9569	0,9524	0,9479	0,9434	0,9390	0,9346	0,9302	0,9259	0,9217	0,9174	0,9132	0,9091
2	0,9803	0,9707	0,9612	0,9518	0,9426	0,9335	0,9246	0,9157	0,9070	0,8985	0,8900	0,8817	0,8734	0,8653	0,8573	0,8495	0,8417	0,8340	0,8264
3	0,9706	0,9563	0,9423	0,9286	0,9151	0,9019	0,8890	0,8763	0,8638	0,8516	0,8396	0,8278	0,8163	0,8050	0,7938	0,7829	0,7722	0,7617	0,7513
4	0,9610	0,9422	0,9238	0,9060	0,8885	0,8714	0,8548	0,8386	0,8227	0,8072	0,7921	0,7773	0,7629	0,7488	0,7350	0,7216	0,7084	0,6956	0,6830
5	0,9515	0,9283	0,9057	0,8839	0,8626	0,8420	0,8219	0,8025	0,7835	0,7651	0,7473	0,7299	0,7130	0,6966	0,6806	0,6650	0,6499	0,6352	0,6209
6	0,9420	0,9145	0,8880	0,8623	0,8375	0,8135	0,7903	0,7679	0,7462	0,7252	0,7050	0,6853	0,6663	0,6480	0,6302	0,6129	0,5963	0,5801	0,5645
7	0,9327	0,9010	0,8706	0,8413	0,8131	0,7860	0,7599	0,7348	0,7107	0,6874	0,6651	0,6435	0,6227	0,6028	0,5835	0,5649	0,5470	0,5298	0,5132
8	0,9235	0,8877	0,8535	0,8207	0,7894	0,7594	0,7307	0,7032	0,6768	0,6516	0,6274	0,6042	0,5820	0,5607	0,5403	0,5207	0,5019	0,4838	0,4665
9	0,9143	0,8746	0,8368	0,8007	0,7664	0,7337	0,7026	0,6729	0,6446	0,6176	0,5919	0,5674	0,5439	0,5216	0,5002	0,4799	0,4604	0,4418	0,4241
10	0,9053	0,8617	0,8203	0,7812	0,7441	0,7089	0,6756	0,6439	0,6139	0,5854	0,5584	0,5327	0,5083	0,4852	0,4632	0,4423	0,4224	0,4035	0,3855
11	0,8963	0,8489	0,8043	0,7621	0,7224	0,6849	0,6496	0,6162	0,5847	0,5549	0,5268	0,5002	0,4751	0,4513	0,4289	0,4076	0,3875	0,3685	0,3505
12	0,8874	0,8364	0,7885	0,7436	0,7014	0,6618	0,6246	0,5897	0,5568	0,5260	0,4970	0,4697	0,4440	0,4199	0,3971	0,3757	0,3555	0,3365	0,3186
13	0,8787	0,8240	0,7730	0,7254	0,6810	0,6394	0,6006	0,5643	0,5303	0,4986	0,4688	0,4410	0,4150	0,3906	0,3677	0,3463	0,3262	0,3073	0,2897
14	0,8700	0,8118	0,7579	0,7077	0,6611	0,6178	0,5775	0,5400	0,5051	0,4726	0,4423	0,4141	0,3878	0,3633	0,3405	0,3191	0,2992	0,2807	0,2633
15	0,8613	0,7999	0,7430	0,6905	0,6419	0,5969	0,5553	0,5167	0,4810	0,4479	0,4173	0,3888	0,3624	0,3380	0,3152	0,2941	0,2745	0,2563	0,2394
16	0,8528	0,7880	0,7284	0,6736	0,6232	0,5767	0,5339	0,4945	0,4581	0,4246	0,3936	0,3651	0,3387	0,3144	0,2919	0,2711	0,2519	0,2341	0,2176
17	0,8444	0,7764	0,7142	0,6572	0,6050	0,5572	0,5134	0,4732	0,4363	0,4024	0,3714	0,3428	0,3166	0,2925	0,2703	0,2499	0,2311	0,2138	0,1978
18	0,8360	0,7649	0,7002	0,6412	0,5874	0,5384	0,4936	0,4528	0,4155	0,3815	0,3503	0,3219	0,2959	0,2720	0,2502	0,2303	0,2120	0,1952	0,1799
19	0,8277	0,7536	0,6864	0,6255	0,5703	0,5202	0,4746	0,4333	0,3957	0,3616	0,3305	0,3022	0,2765	0,2531	0,2317	0,2122	0,1945	0,1783	0,1635
20	0,8195	0,7425	0,6730	0,6103	0,5537	0,5026	0,4564	0,4146	0,3769	0,3427	0,3118	0,2838	0,2584	0,2354	0,2145	0,1956	0,1784	0,1628	0,1486
21	0,8114	0,7315	0,6598	0,5954	0,5375	0,4856	0,4388	0,3968	0,3589	0,3249	0,2942	0,2665	0,2415	0,2190	0,1987	0,1803	0,1637	0,1487	0,1351
22	0,8034	0,7207	0,6468	0,5809	0,5219	0,4692	0,4220	0,3797	0,3418	0,3079	0,2775	0,2502	0,2257	0,2037	0,1839	0,1662	0,1502	0,1358	0,1228
23	0,7954	0,7100	0,6342	0,5667	0,5067	0,4533	0,4057	0,3634	0,3256	0,2919	0,2618	0,2349	0,2109	0,1895	0,1703	0,1531	0,1378	0,1240	0,1117
24	0,7876	0,6995	0,6217	0,5529	0,4919	0,4380	0,3901	0,3477	0,3101	0,2767	0,2470	0,2206	0,1971	0,1763	0,1577	0,1412	0,1264	0,1133	0,1015
25	0,7798	0,6892	0,6095	0,5394	0,4776	0,4231	0,3751	0,3327	0,2953	0,2622	0,2330	0,2071	0,1842	0,1640	0,1460	0,1301	0,1160	0,1034	0,0923
26	0,7720	0,6790	0,5976	0,5262	0,4637	0,4088	0,3607	0,3184	0,2812	0,2486	0,2198	0,1945	0,1722	0,1525	0,1352	0,1199	0,1064	0,0945	0,0839
27	0,7644	0,6690	0,5859	0,5134	0,4502	0,3950	0,3468	0,3047	0,2678	0,2356	0,2074	0,1826	0,1609	0,1419	0,1252	0,1105	0,0976	0,0863	0,0763
28	0,7568	0,6591	0,5744	0,5009	0,4371	0,3817	0,3335	0,2916	0,2551	0,2233	0,1956	0,1715	0,1504	0,1320	0,1159	0,1019	0,0895	0,0788	0,0693

Restnutzungsdauer von ... Jahren	Zinssatz																		
	1,0 %	1,5 %	2,0 %	2,5 %	3,0 %	3,5 %	4,0 %	4,5 %	5,0 %	5,5 %	6,0 %	6,5 %	7,0 %	7,5 %	8,0 %	8,5 %	9,0 %	9,5 %	10,0 %
29	0,7493	0,6494	0,5631	0,4887	0,4243	0,3687	0,3207	0,2790	0,2429	0,2117	0,1846	0,1610	0,1406	0,1228	0,1073	0,0939	0,0822	0,0719	0,0630
30	0,7419	0,6398	0,5521	0,4767	0,4120	0,3563	0,3083	0,2670	0,2314	0,2006	0,1741	0,1512	0,1314	0,1142	0,0994	0,0865	0,0754	0,0657	0,0573
31	0,7346	0,6303	0,5412	0,4651	0,4000	0,3442	0,2965	0,2555	0,2204	0,1902	0,1643	0,1420	0,1228	0,1063	0,0920	0,0797	0,0691	0,0600	0,0521
32	0,7273	0,6210	0,5306	0,4538	0,3883	0,3326	0,2851	0,2445	0,2099	0,1803	0,1550	0,1333	0,1147	0,0988	0,0852	0,0735	0,0634	0,0548	0,0474
33	0,7201	0,6118	0,5202	0,4427	0,3770	0,3213	0,2741	0,2340	0,1999	0,1709	0,1462	0,1252	0,1072	0,0919	0,0789	0,0677	0,0582	0,0500	0,0431
34	0,7130	0,6028	0,5100	0,4319	0,3660	0,3105	0,2636	0,2239	0,1904	0,1620	0,1379	0,1175	0,1002	0,0855	0,0730	0,0624	0,0534	0,0457	0,0391
35	0,7059	0,5939	0,5000	0,4214	0,3554	0,3000	0,2534	0,2143	0,1813	0,1535	0,1301	0,1103	0,0937	0,0796	0,0676	0,0575	0,0490	0,0417	0,0356
36	0,6989	0,5851	0,4902	0,4111	0,3450	0,2898	0,2437	0,2050	0,1727	0,1455	0,1227	0,1036	0,0875	0,0740	0,0626	0,0530	0,0449	0,0381	0,0323
37	0,6920	0,5764	0,4806	0,4011	0,3350	0,2800	0,2343	0,1962	0,1644	0,1379	0,1158	0,0973	0,0818	0,0688	0,0580	0,0489	0,0412	0,0348	0,0294
38	0,6852	0,5679	0,4712	0,3913	0,3252	0,2706	0,2253	0,1878	0,1566	0,1307	0,1092	0,0914	0,0765	0,0640	0,0537	0,0450	0,0378	0,0318	0,0267
39	0,6784	0,5595	0,4619	0,3817	0,3158	0,2614	0,2166	0,1797	0,1491	0,1239	0,1031	0,0858	0,0715	0,0596	0,0497	0,0415	0,0347	0,0290	0,0243
40	0,6717	0,5513	0,4529	0,3724	0,3066	0,2526	0,2083	0,1719	0,1420	0,1175	0,0972	0,0805	0,0668	0,0554	0,0460	0,0383	0,0318	0,0265	0,0221
41	0,6650	0,5431	0,4440	0,3633	0,2976	0,2440	0,2003	0,1645	0,1353	0,1113	0,0917	0,0756	0,0624	0,0516	0,0426	0,0353	0,0292	0,0242	0,0201
42	0,6584	0,5351	0,4353	0,3545	0,2890	0,2358	0,1926	0,1574	0,1288	0,1055	0,0865	0,0710	0,0583	0,0480	0,0395	0,0325	0,0268	0,0221	0,0183
43	0,6519	0,5272	0,4268	0,3458	0,2805	0,2278	0,1852	0,1507	0,1227	0,1000	0,0816	0,0667	0,0545	0,0446	0,0365	0,0300	0,0246	0,0202	0,0166
44	0,6454	0,5194	0,4184	0,3374	0,2724	0,2201	0,1780	0,1442	0,1169	0,0948	0,0770	0,0626	0,0509	0,0415	0,0338	0,0276	0,0226	0,0184	0,0151
45	0,6391	0,5117	0,4102	0,3292	0,2644	0,2127	0,1712	0,1380	0,1113	0,0899	0,0727	0,0588	0,0476	0,0386	0,0313	0,0254	0,0207	0,0168	0,0137
46	0,6327	0,5042	0,4022	0,3211	0,2567	0,2055	0,1646	0,1320	0,1060	0,0852	0,0685	0,0552	0,0445	0,0359	0,0290	0,0235	0,0190	0,0154	0,0125
47	0,6265	0,4967	0,3943	0,3133	0,2493	0,1985	0,1583	0,1263	0,1009	0,0807	0,0647	0,0518	0,0416	0,0334	0,0269	0,0216	0,0174	0,0140	0,0113
48	0,6203	0,4894	0,3865	0,3057	0,2420	0,1918	0,1522	0,1209	0,0961	0,0765	0,0610	0,0487	0,0389	0,0311	0,0249	0,0199	0,0160	0,0128	0,0103
49	0,6141	0,4821	0,3790	0,2982	0,2350	0,1853	0,1463	0,1157	0,0916	0,0725	0,0575	0,0457	0,0363	0,0289	0,0230	0,0184	0,0147	0,0117	0,0094
50	0,6080	0,4750	0,3715	0,2909	0,2281	0,1791	0,1407	0,1107	0,0872	0,0688	0,0543	0,0429	0,0339	0,0269	0,0213	0,0169	0,0134	0,0107	0,0085
51	0,6020	0,4680	0,3642	0,2838	0,2215	0,1730	0,1353	0,1059	0,0831	0,0652	0,0512	0,0403	0,0317	0,0250	0,0197	0,0156	0,0123	0,0098	0,0077
52	0,5961	0,4611	0,3571	0,2769	0,2150	0,1671	0,1301	0,1014	0,0791	0,0618	0,0483	0,0378	0,0297	0,0233	0,0183	0,0144	0,0113	0,0089	0,0070
53	0,5902	0,4543	0,3501	0,2702	0,2088	0,1615	0,1251	0,0970	0,0753	0,0586	0,0456	0,0355	0,0277	0,0216	0,0169	0,0133	0,0104	0,0081	0,0064
54	0,5843	0,4475	0,3432	0,2636	0,2027	0,1560	0,1203	0,0928	0,0717	0,0555	0,0430	0,0334	0,0259	0,0201	0,0157	0,0122	0,0095	0,0074	0,0058
55	0,5785	0,4409	0,3365	0,2572	0,1968	0,1508	0,1157	0,0888	0,0683	0,0526	0,0406	0,0313	0,0242	0,0187	0,0145	0,0113	0,0087	0,0068	0,0053
56	0,5728	0,4344	0,3299	0,2509	0,1910	0,1457	0,1112	0,0850	0,0651	0,0499	0,0383	0,0294	0,0226	0,0174	0,0134	0,0104	0,0080	0,0062	0,0048
57	0,5671	0,4280	0,3234	0,2448	0,1855	0,1407	0,1069	0,0814	0,0620	0,0473	0,0361	0,0276	0,0211	0,0162	0,0124	0,0096	0,0074	0,0057	0,0044
58	0,5615	0,4217	0,3171	0,2388	0,1801	0,1360	0,1028	0,0778	0,0590	0,0448	0,0341	0,0259	0,0198	0,0151	0,0115	0,0088	0,0067	0,0052	0,0040
59	0,5560	0,4154	0,3109	0,2330	0,1748	0,1314	0,0989	0,0745	0,0562	0,0425	0,0321	0,0243	0,0185	0,0140	0,0107	0,0081	0,0062	0,0047	0,0036
60	0,5504	0,4093	0,3048	0,2273	0,1697	0,1269	0,0951	0,0713	0,0535	0,0403	0,0303	0,0229	0,0173	0,0130	0,0099	0,0075	0,0057	0,0043	0,0033

5

Restnutzungsdauer von … Jahren	Zinssatz																		
	1,0 %	1,5 %	2,0 %	2,5 %	3,0 %	3,5 %	4,0 %	4,5 %	5,0 %	5,5 %	6,0 %	6,5 %	7,0 %	7,5 %	8,0 %	8,5 %	9,0 %	9,5 %	10,0 %
61	0,5450	0,4032	0,2988	0,2217	0,1648	0,1226	0,0914	0,0682	0,0510	0,0382	0,0286	0,0215	0,0161	0,0121	0,0091	0,0069	0,0052	0,0039	0,0030
62	0,5396	0,3973	0,2929	0,2163	0,1600	0,1185	0,0879	0,0653	0,0486	0,0362	0,0270	0,0202	0,0151	0,0113	0,0085	0,0064	0,0048	0,0036	0,0027
63	0,5343	0,3914	0,2872	0,2111	0,1553	0,1145	0,0845	0,0625	0,0462	0,0343	0,0255	0,0189	0,0141	0,0105	0,0078	0,0059	0,0044	0,0033	0,0025
64	0,5290	0,3856	0,2816	0,2059	0,1508	0,1106	0,0813	0,0598	0,0440	0,0325	0,0240	0,0178	0,0132	0,0098	0,0073	0,0054	0,0040	0,0030	0,0022
65	0,5237	0,3799	0,2761	0,2009	0,1464	0,1069	0,0781	0,0572	0,0419	0,0308	0,0227	0,0167	0,0123	0,0091	0,0067	0,0050	0,0037	0,0027	0,0020
66	0,5185	0,3743	0,2706	0,1960	0,1421	0,1033	0,0751	0,0547	0,0399	0,0292	0,0214	0,0157	0,0115	0,0085	0,0062	0,0046	0,0034	0,0025	0,0019
67	0,5134	0,3688	0,2653	0,1912	0,1380	0,0998	0,0722	0,0524	0,0380	0,0277	0,0202	0,0147	0,0107	0,0079	0,0058	0,0042	0,0031	0,0023	0,0017
68	0,5083	0,3633	0,2601	0,1865	0,1340	0,0964	0,0695	0,0501	0,0362	0,0262	0,0190	0,0138	0,0100	0,0073	0,0053	0,0039	0,0029	0,0021	0,0015
69	0,5033	0,3580	0,2550	0,1820	0,1301	0,0931	0,0668	0,0480	0,0345	0,0249	0,0179	0,0130	0,0094	0,0068	0,0049	0,0036	0,0026	0,0019	0,0014
70	0,4983	0,3527	0,2500	0,1776	0,1263	0,0900	0,0642	0,0459	0,0329	0,0236	0,0169	0,0122	0,0088	0,0063	0,0046	0,0033	0,0024	0,0017	0,0013
71	0,4934	0,3475	0,2451	0,1732	0,1226	0,0869	0,0617	0,0439	0,0313	0,0223	0,0160	0,0114	0,0082	0,0059	0,0042	0,0031	0,0022	0,0016	0,0012
72	0,4885	0,3423	0,2403	0,1690	0,1190	0,0840	0,0594	0,0420	0,0298	0,0212	0,0151	0,0107	0,0077	0,0055	0,0039	0,0028	0,0020	0,0015	0,0010
73	0,4837	0,3373	0,2356	0,1649	0,1156	0,0812	0,0571	0,0402	0,0284	0,0201	0,0142	0,0101	0,0072	0,0051	0,0036	0,0026	0,0019	0,0013	0,0010
74	0,4789	0,3323	0,2310	0,1609	0,1122	0,0784	0,0549	0,0385	0,0270	0,0190	0,0134	0,0095	0,0067	0,0047	0,0034	0,0024	0,0017	0,0012	0,0009
75	0,4741	0,3274	0,2265	0,1569	0,1089	0,0758	0,0528	0,0368	0,0258	0,0180	0,0126	0,0089	0,0063	0,0044	0,0031	0,0022	0,0016	0,0011	0,0008
76	0,4694	0,3225	0,2220	0,1531	0,1058	0,0732	0,0508	0,0353	0,0245	0,0171	0,0119	0,0083	0,0058	0,0041	0,0029	0,0020	0,0014	0,0010	0,0007
77	0,4648	0,3178	0,2177	0,1494	0,1027	0,0707	0,0488	0,0337	0,0234	0,0162	0,0113	0,0078	0,0055	0,0038	0,0027	0,0019	0,0013	0,0009	0,0006
78	0,4602	0,3131	0,2134	0,1457	0,0997	0,0683	0,0469	0,0323	0,0222	0,0154	0,0106	0,0074	0,0051	0,0035	0,0025	0,0017	0,0012	0,0008	0,0006
79	0,4556	0,3084	0,2092	0,1422	0,0968	0,0660	0,0451	0,0309	0,0212	0,0146	0,0100	0,0069	0,0048	0,0033	0,0023	0,0016	0,0011	0,0008	0,0005
80	0,4511	0,3039	0,2051	0,1387	0,0940	0,0638	0,0434	0,0296	0,0202	0,0138	0,0095	0,0065	0,0045	0,0031	0,0021	0,0015	0,0010	0,0007	0,0005
81	0,4467	0,2994	0,2011	0,1353	0,0912	0,0616	0,0417	0,0283	0,0192	0,0131	0,0089	0,0061	0,0042	0,0029	0,0020	0,0013	0,0009	0,0006	0,0004
82	0,4422	0,2950	0,1971	0,1320	0,0886	0,0596	0,0401	0,0271	0,0183	0,0124	0,0084	0,0057	0,0039	0,0027	0,0018	0,0012	0,0009	0,0006	0,0004
83	0,4379	0,2906	0,1933	0,1288	0,0860	0,0575	0,0386	0,0259	0,0174	0,0118	0,0079	0,0054	0,0036	0,0025	0,0017	0,0011	0,0008	0,0005	0,0004
84	0,4335	0,2863	0,1895	0,1257	0,0835	0,0556	0,0371	0,0248	0,0166	0,0111	0,0075	0,0050	0,0034	0,0023	0,0016	0,0011	0,0007	0,0005	0,0003
85	0,4292	0,2821	0,1858	0,1226	0,0811	0,0537	0,0357	0,0237	0,0158	0,0106	0,0071	0,0047	0,0032	0,0021	0,0014	0,0010	0,0007	0,0004	0,0003
86	0,4250	0,2779	0,1821	0,1196	0,0787	0,0519	0,0343	0,0227	0,0151	0,0100	0,0067	0,0044	0,0030	0,0020	0,0013	0,0009	0,0006	0,0004	0,0003
87	0,4208	0,2738	0,1786	0,1167	0,0764	0,0501	0,0330	0,0217	0,0143	0,0095	0,0063	0,0042	0,0028	0,0019	0,0012	0,0008	0,0006	0,0004	0,0003
88	0,4166	0,2698	0,1751	0,1138	0,0742	0,0484	0,0317	0,0208	0,0137	0,0090	0,0059	0,0039	0,0026	0,0017	0,0011	0,0008	0,0005	0,0003	0,0002
89	0,4125	0,2658	0,1716	0,1111	0,0720	0,0468	0,0305	0,0199	0,0130	0,0085	0,0056	0,0037	0,0024	0,0016	0,0011	0,0007	0,0005	0,0003	0,0002
90	0,4084	0,2619	0,1683	0,1084	0,0699	0,0452	0,0293	0,0190	0,0124	0,0081	0,0053	0,0035	0,0023	0,0015	0,0010	0,0006	0,0004	0,0003	0,0002
91	0,4043	0,2580	0,1650	0,1057	0,0679	0,0437	0,0282	0,0182	0,0118	0,0077	0,0050	0,0032	0,0021	0,0014	0,0009	0,0006	0,0004	0,0003	0,0002
92	0,4003	0,2542	0,1617	0,1031	0,0659	0,0422	0,0271	0,0174	0,0112	0,0073	0,0047	0,0030	0,0020	0,0013	0,0008	0,0006	0,0004	0,0002	0,0002

Restnutzungsdauer von ... Jahren	Zinssatz																		
	1,0 %	1,5 %	2,0 %	2,5 %	3,0 %	3,5 %	4,0 %	4,5 %	5,0 %	5,5 %	6,0 %	6,5 %	7,0 %	7,5 %	8,0 %	8,5 %	9,0 %	9,5 %	10,0 %
93	0,3964	0,2504	0,1586	0,1006	0,0640	0,0408	0,0261	0,0167	0,0107	0,0069	0,0044	0,0029	0,0019	0,0012	0,0008	0,0005	0,0003	0,0002	0,0001
94	0,3925	0,2467	0,1554	0,0982	0,0621	0,0394	0,0251	0,0160	0,0102	0,0065	0,0042	0,0027	0,0017	0,0011	0,0007	0,0005	0,0003	0,0002	0,0001
95	0,3886	0,2431	0,1524	0,0958	0,0603	0,0381	0,0241	0,0153	0,0097	0,0062	0,0039	0,0025	0,0016	0,0010	0,0007	0,0004	0,0003	0,0002	0,0001
96	0,3847	0,2395	0,1494	0,0934	0,0586	0,0368	0,0232	0,0146	0,0092	0,0059	0,0037	0,0024	0,0015	0,0010	0,0006	0,0004	0,0003	0,0002	0,0001
97	0,3809	0,2359	0,1465	0,0912	0,0569	0,0355	0,0223	0,0140	0,0088	0,0056	0,0035	0,0022	0,0014	0,0009	0,0006	0,0004	0,0002	0,0002	0,0001
98	0,3771	0,2324	0,1436	0,0889	0,0552	0,0343	0,0214	0,0134	0,0084	0,0053	0,0033	0,0021	0,0013	0,0008	0,0005	0,0003	0,0002	0,0001	0,0001
99	0,3734	0,2290	0,1408	0,0868	0,0536	0,0332	0,0206	0,0128	0,0080	0,0050	0,0031	0,0020	0,0012	0,0008	0,0005	0,0003	0,0002	0,0001	0,0001
100	0,3697	0,2256	0,1380	0,0846	0,0520	0,0321	0,0198	0,0123	0,0076	0,0047	0,0029	0,0018	0,0012	0,0007	0,0005	0,0003	0,0002	0,0001	0,0001

Berechnungsvorschrift für die der Tabelle nicht zu entnehmenden Barwertfaktoren für die Abzinsung

$$\text{Abzinsungsfaktor} = q^{-n} = \frac{1}{q^n}$$

$$q = 1 + \frac{p}{100}$$

p = Liegenschaftszinssatz
n = Restnutzungsdauer

5

Sachwertverfahren

Der Ablauf des Sachwertverfahrens

Einfamilienhäuser bewerten Sie regelmäßig im Sachwertverfahren. Hierzu sind zwei wesentliche Schritte vonnöten:

- die Wertermittlung des Grund und Bodens
- die Wertermittlung der Gebäude

Die Summe von beiden Werten ist – vereinfacht – der Sachwert des gesamten bebauten Grundstücks.

Neben diesen beiden überschaubaren Schritten für den Grund und Boden sowie die Gebäude müssen Sie auch die Außenanlagen erfassen.

In der Praxis können Sie den Wert der Außenanlagen durch einen Zuschlag oder durch eine Einzelbewertung der verschiedenen Außenanlagen berücksichtigen. Meistens begnügen sich die Gutachter mit einem Zuschlag.

Überblick über das Sachwertverfahren

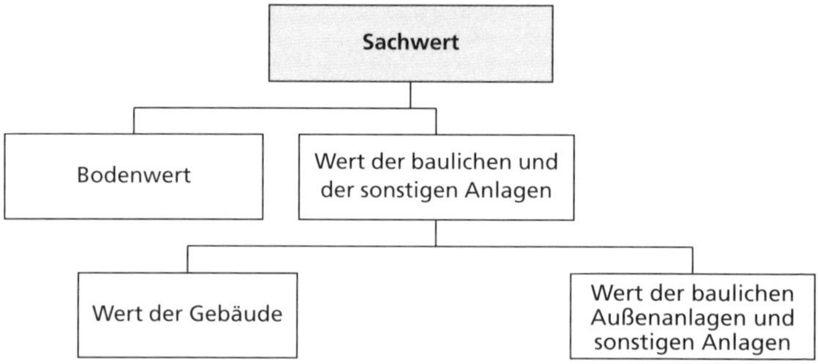

Hinweis: Zwischenzeitlich wurde die Sachwertrichtlinie vom 5.9. 2012 veröffentlicht. Allerdings dürfte es in der Praxis noch einige Zeit dauern, bis tatsächlich alle Daten zur Verfügung stehen. Insbesondere müssen die regionalen Gutachterausschüsse die entsprechenden Sachwertfaktoren berechnen und veröffentlichen. Solange kann nach den bisherigen Regeln verfahren werden.

Bodenwert bei unbebauten und bebauten Grundstücken

Egal, ob Sie den Wert für ein unbebautes oder für ein bebautes Grundstück ermitteln wollen – den Wert des Grund und Bodens berechnen Sie in beiden Fällen nach demselben Muster. Sie müssen den für das jeweilige Gebiet und den jeweiligen Wertermittlungszeitpunkt geltenden Bodenrichtwert pro Quadratmeter mit der Fläche des Grundstücks in Quadratmetern multiplizieren.

Formel für den Grund und Boden:

Fläche des Grundstücks in Quadratmeter	×	Bodenrichtwert pro Quadratmeter

Praxis-Tipp:

Profitieren Sie auch bei der Wertermittlung für den Grund und Boden von Ihrer persönlichen Kaufpreissammlung. Wenden Sie bei der Wertkomponente „Grund und Boden" das Vergleichswertverfahren an. Voraussetzung: Sie brauchen genügend geeignete Kauffälle, die eine höhere Aussagekraft haben als der Bodenrichtwert.

Bodenrichtwert

Vorteilhaft ist für Sie, dass bereits nach § 116 Baugesetzbuch (BauGB) eine Verpflichtung für alle Kommunen besteht, Bodenrichtwerte festzulegen. Diese Verpflichtung haben die amtlichen Gutachterausschüsse übernommen, die in der Regel bei den Kataster- oder Vermessungsämtern angesiedelt sind. Erkundigen Sie sich deshalb bei Ihrem Gutachterausschuss nach dem aktuellen Bodenrichtwert.

Praxis-Tipp:

Viele Gutachterausschüsse erteilen die gewünschten Auskünfte kostenlos. Das gilt aber nur, wenn Sie sich fernmündlich an den Gutachterausschuss wenden. Für schriftliche Auskünfte verlangen die Gutachterausschüsse Gebühren, die sich im Allgemeinen in vertretbaren Grenzen halten.

Die Gutachterausschüsse sammeln alle Veräußerungsfälle und berechnen die durchschnittlich gezahlten Kaufpreise. In einer gesonderten Sitzung legt der Gutachterausschuss fest, welche Bodenrichtwerte aufgrund der Kaufpreise in der Bodenrichtwertkarte ausgewiesen werden sollen. Dabei werden verschiedene Bodenrichtwerte ermittelt, die sich auf Grundstücke mit unterschiedlichen Nutzungsarten und -möglichkeiten beziehen.

Der Gutachterausschuss trägt die Ergebnisse in die sogenannte Bodenrichtwertkarte ein. Aus dieser Karte können Sie ablesen, welchen Bodenrichtwert Sie bei einem Grundstück ansetzen müssen, das in der markierten Bodenrichtwert-Zone liegt. Das von Ihnen zu bewertende Grundstück muss selbstverständlich in den wichtigen Bewertungsmerkmalen mit dem Grundstück übereinstimmen, das der Gutachterausschuss als „Referenz-Grundstück" definiert. Dieses Referenz-Grundstück ist das typische Bodenrichtwertgrundstück, auf das sich die vom Gutachterausschuss festgelegten Bodenrichtwerte beziehen.

Beispiel:

In Ihrer Stadt sind Grundstücke für Einfamilienhäuser regelmäßig 500 qm groß. Der Gutachterausschuss wird die Bodenrichtwerte ebenfalls auf ein Referenz-Grundstück beziehen, das 500 qm groß ist.

Wichtig: Sofern das von Ihnen zu bewertende Grundstück wesentlich größer oder kleiner ist, müssen Sie diese Abweichungen durch entsprechende Umrechnungen berücksichtigen.

Anhaltspunkte für eine solche Umrechnung liefern die Gutachterausschüsse im Allgemeinen mit. Lesen Sie die Legende, also das „Kleingedruckte", in der Bodenrichtwertkarte. Dort finden Sie wertvolle Hinweise, die Ihnen entscheidend helfen.

Praxis-Tipp:
Besorgen Sie sich die Bodenrichtwertkarte. Nur so erhalten Sie die aktuellen Daten, auf die auch jeder Sachverständige zugreift.

Die Karten sind von Gutachterausschuss zu Gutachterausschuss sehr unterschiedlich. In kleinen Städten handelt es sich dabei um eine Landkarte mit der Stadt oder der Region, in die einzelne Preise als Bodenrichtwerte eingezeichnet sind. In einigen Städten umfasst das Kartenwerk schon ein kleines Buch und wieder andere Städte geben die Bodenrichtwertkarten sogar auf CD-ROM heraus.

Praxis-Tipp:
Rufen Sie bei Ihrer Gemeinde-, Stadt- oder Kreisverwaltung an und verlangen Sie den „Gutachterausschuss", wenn Sie nicht genau wissen, wie der Gutachterausschuss zu erreichen ist. Die Verwaltungen kennen sich aus. Sollte der Gutachterausschuss einmal nicht in der Verwaltung untergebracht sein, erfahren Sie dort dennoch im Allgemeinen wenigstens die richtige Telefonnummer. Oder informieren Sie sich im Internet unter: www.gutachterausschuesse-online.de

Brauchen Sie den Wert für ein Grundstück im Außenbereich, kommen Sie manchmal mit der Bodenrichtwertkarte nicht sofort weiter. Denn die Karten gelten überwiegend nur für Bereiche innerhalb der Stadt. Oft geben die Gutachterausschüsse aber eine Preisspanne an, die Sie bei Grundstücken im Außenbereich verwerten können.

Beispiel:

Der Gutachterausschuss führt in der Legende zur Bodenrichtwertkarte aus, dass bei Einfamilienhausgrundstücken im Außenbereich eine durchschnittliche Grundstücksgröße von 1.000 qm vorhanden ist und der Bodenrichtwert pro Quadratmeter 150 EUR beträgt. Darüber hinausgehende Grundstücksgrößen sind mit 15 EUR/qm als Grünland oder Ackerland zu erfassen.

Das von Ihnen zu bewertende Grundstück ist mit einem Einfamilienhaus bebaut und verfügt über eine Fläche von 1.500 qm.

Rechnen Sie wie folgt:

Fläche insgesamt	1.500 qm		
übliche Größe	1.000 qm ×	150 EUR/qm =	150.000 EUR
Restfläche	500 qm ×	15 EUR/qm =	+ 7.500 EUR
Wert des Grund und Bodens insgesamt			157.500 EUR

Abkürzungen in den Richtwertkarten	
B	baureifes Land
R	Rohbauland
E	Bauerwartungsland
W	Wohnbauflächen
WS	Kleinsiedlungsgebiet
WR	reines Wohngebiet
WA	allgemeines Wohngebiet
WB	besonderes Wohngebiet
M	gemischte Baufläche
MD	Dorfgebiet
MI	Mischgebiet
MK	Kerngebiet
G	gewerbliche Baufläche
GE	Gewerbegebiet
GI	Industriegebiet
S	Sonderbaufläche

SW	Wochenendhausgebiet
SO	Sondergebiet
o	offene Bauweise
g	geschlossene Bauweise

Fläche des Grundstücks

Erfahrungsgemäß ist die Grundstücksgröße kein Problem. Sie ist einfach bekannt. Dennoch sollten Sie immer auf Nummer sicher gehen und die tatsächliche Grundstücksgröße kontrollieren. Schauen Sie dazu in die Auszüge des Grundbuchs oder des Grundbesitzkatasters. Lassen Sie sich diese Unterlagen vom Eigentümer des Grundstücks zeigen oder sehen Sie das Grundbuch ein.

Praxis-Tipp:

Oft wurde bei einem Vergleich der rechtlich maßgebenden Grenzen mit dem tatsächlich errichteten Zaun festgestellt, dass seit vielen Jahren völlig falsche Grundstücksgrenzen akzeptiert wurden!

Bei der Grundstücksgröße ist nicht allein die Fläche entscheidend. Ebenso wichtig ist der Zuschnitt des Grundstücks. Damit ist die geometrische Form des Grundstücks gemeint. Sehr ungünstig geschnittene Grundstücke haben naturgemäß einen deutlich niedrigeren Wert als Grundstücke mit regelmäßigen Abmessungen, obwohl die objektiv vorhandene Grundstücksgröße identisch ist.

Auch bei Grundstücken mit einer ungewöhnlichen Grundstückstiefe können sich für das Vorderland höhere Preise ergeben als für das baulich im Allgemeinen kaum nutzbare Hinterland. Ob und bis zu welcher Grundstückstiefe Vorderland und Hinterland anzunehmen ist, entscheidet sich nach den ortsüblichen Verhältnissen.

Definition: Flächenbewertung

Vorderland

Bewerten Sie Flächen im vorderen Grundstücksbereich mit dem vollen Richtwert. Es ist verständlich, dass von der Straße aus gesehen hintere Grundstücksteile nicht so wertvoll sind wie das im Allgemeinen voll ausnutzbare vordere Land. Bis zu welcher Grundstückstiefe Vorderland vorliegt, richtet sich nach den örtlichen Verhältnissen.

Hinterland

Bewerten Sie Flächen im hinteren Grundstücksbereich dementsprechend mit niedrigeren Werten. Allerdings gilt etwas anderes, wenn im hinteren Grundstücksbereich eine zweite Straße an dem Grundstück vorbeiführt. In der Praxis ist dies oft der zweite Bauplatz. Folge: Das „Hinterland" ist gleichzeitig – aus der Sicht der hinteren Straße – auch Vorderland. Das „Hinterland" wird in diesen Fällen auf keinen Fall niedriger bewertet.

Praxis-Tipp:

Prüfen Sie, ob in der Bodenrichtwertkarte entsprechende Hinweise zur Vorderlandtiefe enthalten sind. Erkundigen Sie sich andernfalls im konkreten Fall beim Gutachterausschuss.

Preise für Gebäude

Profitieren Sie beim Sachwertverfahren von dem mathematisch immer gleichen Ablauf der Berechnungen. Sie brauchen bei der Rechnung lediglich die einzelnen Daten aus den verschiedenen Tabellen abzulesen und auf Ihren Bewertungsfall zu übertragen.

Praxis-Tipp:

Nutzen Sie insbesondere die Beispielsberechnungen und das Rechenschema, damit Sie keinen wichtigen Schritt übersehen.

Verkehrswert ermitteln

1. Ermitteln Sie den Wert des Grund und Bodens.
2. Ermitteln Sie den Herstellungswert der baulichen Anlagen. Dieser entspricht den sogenannten Normalherstellungskosten. Dazu gehören die Gebäude, die Außenanlagen und die besonderen Betriebseinrichtungen.
3. Ermitteln Sie den Wert der sonstigen Anlagen.
4. Korrigieren Sie den Sachwert zur Anpassung an die Marktlage. Nutzen Sie dazu die Sachwertfaktoren, die der Gutachterausschuss veröffentlicht oder Ihre persönliche Kaufpreissammlung, in der Sie die Ihnen bekannten Grundstücksverkäufe festhalten und auswerten.

Normalherstellungswert/bauliche Anlagen ermitteln

1. Multiplizieren Sie den umbauten Raum des Gebäudes mit dem maßgebenden Preis pro Kubikmeter.
   Den zutreffenden Preis entnehmen Sie der Tabelle. Dabei ist das Jahr 1913 das Basisjahr, zu dem der Preis 100 % beträgt.
   Den Preis müssen Sie mit dem entsprechenden Baupreis-Index aus der Tabelle multiplizieren, um den aktuellen und zeitnahen Preis zu berechnen.
2. Ziehen Sie die Wertminderung wegen Alters ab.
   Achten Sie darauf, dass für die baulichen Anlagen regelmäßig mindestens ein Restwert von 30 % anzusetzen ist.
3. Nehmen Sie weitere Korrekturen vor, soweit dies erforderlich ist.
   Dazu gehören insbesondere Abschläge wegen baulicher Mängel oder Schäden. Daneben können aber auch andere wertbeeinflussende Umstände zu berücksichtigen sein.

Hinweis: An dieser Stelle arbeiten Sie im Gegensatz zu den Sachverständigen mit einer starken Vereinfachung, weil Sie mit den Kubikmeterpreisen rechnen. Mittlerweile haben die Sachverständigen eine umfangreiche Preisliste für die jeweiligen

Normalherstellungskosten, die sich auf die sogenannte Bruttogrundfläche beziehen. Tendenziell ist dies natürlich der genauere Weg. Wenn Sie den Wert jedoch überschlägig ermitteln wollen, können Sie durchaus mit den historischen Werten rechnen. Allerdings sollten Sie sich über diese Abweichung von der aktuellen Immobilienwertermittlungsverordnung im Klaren sein.

Wenden Sie beim Gebäudewert diese Formel an:

Umbauter Raum in Kubikmeter	×	Preis pro Kubikmeter

Berechnung des Verkehrswerts im Sachwertverfahren

Bodenwert

+

Normalherstellungswert der baulichen Anlagen

Normalherstellungswert der Gebäude	Normalherstellungswert der baulichen Anlagen und der sonstigen Anlagen
abzüglich Wertminderung wegen Alters	abzüglich Wertminderung wegen Alters
Wert der baulichen Anlage	Wert der baulichen Anlage

+

Wert der baulichen Anlagen

=

Sachwert

+/–

Marktanpassung mit Sachwertfaktoren zur Angleichung an den Verkehrswert

+/–

Wertminderungen wegen baulicher Mängel oder Schäden sowie sonstige wertbeeinflussende Umstände

=

Verkehrswert

So leicht ermitteln Sie den Raummeterpreis

Kernstück jeder Wertermittlung ist der Raummeterpreis. Je nachdem, welchen Wert Sie hier ansetzen, führt Ihre Ermittlung zu realistischen oder weniger brauchbaren Ergebnissen.

Wichtig: Der Raummeterpreis entspricht den Kosten, die Sie normalerweise zur Herstellung eines Gebäudes pro Kubikmeter umbauten Raumes aufwenden müssten.

Praxis-Tipp:
Beachten Sie, dass die Sachverständigen bei der Bestimmung der Normalherstellungskosten die umfangreiche Sammlung der Immobilienwertermittlungsverordnung nutzen.

Begnügen Sie sich mit einer Berechnung, die Ihnen den Wert einer Immobilie hinreichend realistisch zeigt. Die bis in die letzte Einzelheit hinter dem Komma gehende Aufklärung wollen Sie aus einem klar definierten Grund gar nicht vornehmen: Sie schätzen den Grundstückswert zwar nach brauchbaren Methoden, aber nicht genauer als die Wirklichkeit.

Nutzen Sie die allgemeinen Erfahrungssätze

Bestimmen Sie den Raummeterpreis nach durchschnittlichen Erfahrungssätzen, die der jeweiligen Nutzungsart, Bauweise und Bauart gerecht werden.

Dabei gilt eine Besonderheit. Manche Gutachter rechnen mit „13er" Werten. Das sind Erfahrungssätze, die auf dem Basisjahr 1913 beruhen und anschließend auf den Wert umgerechnet werden, zu dem die Wertermittlung vorzunehmen ist. Die Umrechnung erfolgt mit dem Baukosten-Index und dem amtlichen Euro-Umrechnungskurs (1 Euro = 1,95583 DM). Lesen Sie den entsprechenden Index aus der Tabelle ab (siehe Seite 81 ff.).

Vorteil der „13er" Werte

Sie können ein sicheres Gefühl für die Preise entwickeln. Wenn Sie jedoch mit verschiedenen Basisjahren rechnen, werden Sie kein gutachterliches Gefühl dafür entwickeln, ob Sie einen hohen oder einen niedrigen Raummeterpreis zugrunde gelegt haben.

Die „13er" Werte haben – in der Theorie – auch einen Nachteil: Neuartige Bauausführungen oder Konstruktionen, die es in 1913 noch gar nicht gab, sind in der Tabelle „zurückgerechnet" worden oder – schlimmstenfalls – gar nicht enthalten. Dabei sind mathematische Rundungsdifferenzen oder Ungenauigkeiten nicht völlig auszuschließen. Deshalb rechnen die Sachverständigen grundsätzlich lieber mit aktuellen Basisjahren. Dazu brauchen sie allerdings weitere Tabellen, damit für jedes Basisjahr alle Vervielfältiger der restlichen Jahre zur Verfügung stehen.

Praxis-Tipp:

In der Praxis kann getrost auf eine unüberschaubare Tabellenflut verzichtet werden. Denn das A und O ist die hinreichend zutreffende Annäherung an den „richtigen" Raummeterpreis.

Die wichtigsten Einflussgrößen auf den Raummeterpreis

- Ausstattung
- Örtliches Lohn- und Preisniveau
- Abweichung von der üblichen Größe vergleichbarer Gebäude
- Verwendete Baustoffe
- Konstruktion
- Vorhandener Grundriss
- Anzahl der Geschosse
- Vorhandensein eines Kellers
- Dachform
- Bauweise, beispielsweise freistehendes Gebäude, Reihenhaus oder Doppelhaushälfte

Versuchen Sie, den Raummeterpreis nicht rein schematisch aus der Tabelle abzulesen. Sorgen Sie vielmehr dafür, die Verhältnisse des einzelnen Falls zu würdigen. Haben Sie genügend Mut, die Preise schon mal zu korrigieren. Das setzt ein wenig Erfahrung voraus. Wenn Sie erst einmal ein paar Grundstücke bewertet und mit Ihrer persönlichen Kaufpreissammlung verglichen haben, wird Ihnen dies wesentlich leichter fallen. Grund: Eine beachtliche Vielfalt von Einflüssen kann Korrekturen des Raummeterpreises sowohl nach oben als auch nach unten erforderlich machen.

Raummeterpreise Basisjahr 1913

Die nachstehende Tabelle enthält Raummeterpreise für typische Grundstücke zum Basisjahr 1913. Das bedeutet, dass der für 1913 ausgewiesene Preis einem Prozentsatz von 100 entspricht. Diese Tabellenwerte müssen je nach Bewertungsfall korrigiert werden, wenn Besonderheiten eine Abweichung von den typischen Durchschnittswerten rechtfertigen.

Die Umrechnung der Preise des Basisjahrs 1913 auf den Bewertungszeitpunkt nehmen Sie mit Hilfe des Baukosten-Index vor (siehe Seite 81 ff.).

Praxis-Tipp:
Helfen Sie sich bei typischen Durchschnittsgebäuden mit einem Trick: Ermitteln Sie die Herstellungskosten einfach mit durchschnittlichen Baupreisen.

Raummeterpreise Basisjahr 1913	
(M = Mark)	
A. Einfamilienhäuser	
1. einfache Ausstattung	12 M – 17 M
2. mittlere Ausstattung	18 M – 22 M
3. gute Ausstattung	23 M – 28 M
4. sehr gute Ausstattung	29 M – 36 M
5. aufwendige Ausstattung	37 M – 50 M

noch: Raummeterpreise Basisjahr 1913

Nebengebäude	
je nach Ausstattung	5 M – 12 M
nur bei besonders guter Ausstattung	10 M – 20 M
Terrasse, nicht überdacht, pro Quadratmeter	5 M – 10 M
Terrasse, überdacht, pro Quadratmeter	10 M – 20 M
B. Wohngebäude, Bürogebäude, Sozialgebäude und vergleichbare Gebäude	
I. Holzgebäude und Holzfachwerkgebäude	
a) eingeschossig	
1. einfache Ausstattung	8 M – 10 M
2. mittlere Ausstattung	11 M – 14 M
3. gute Ausstattung	15 M – 18 M
4. sehr gute Ausstattung	19 M – 22 M
b) mehrgeschossig	
1. einfache Ausstattung	12 M – 14 M
2. mittlere Ausstattung	15 M – 18 M
3. gute Ausstattung	19 M – 22 M
4. sehr gute Ausstattung	23 M – 26 M
II. Massivgebäude, Stahl- oder Stahlbetonskelettbauten	
a) eingeschossig	
1. einfache Ausstattung	12 M – 14 M
2. mittlere Ausstattung	15 M – 18 M
3. gute Ausstattung	19 M – 24 M
4. sehr gute Ausstattung	25 M – 28 M
5. aufwendige Ausstattung	29 M – 40 M
b) mehrgeschossig	
1. einfache Ausstattung	15 M – 17 M
2. mittlere Ausstattung	18 M – 22 M
3. gute Ausstattung	23 M – 28 M
4. sehr gute Ausstattung	29 M – 34 M
5. aufwendige Ausstattung	35 M – 42 M
C. Fabrikgebäude, Werkstattgebäude, Lagergebäude	
I. Holzgebäude und Holzwerkgebäude	
a) eingeschossig	5 M – 10 M
b) mehrgeschossig	6 M – 14 M
II. Massivgebäude	
a) eingeschossig	7 M – 16 M
b) mehrgeschossig	10 M – 18 M

noch: Raummeterpreise Basisjahr 1913

III.	**Stahl- oder Stahlbetonskelettbauten**	
a)	eingeschossig	8 M – 17 M
b)	mehrgeschossig	13 M – 19 M
IV.	**Shedbauten**	
a)	mit Holzbindern	8 M – 10 M
b)	in Massivbauart	9 M – 11 M
c)	in Stahl- oder Stahlbetonkonstruktion	9 M – 12 M
V.	**Hallenbauten**	
a)	Holzgebäude und Holzfachwerkgebäude	5 M – 9 M
b)	Massivgebäude, Stahl- oder Stahlbetonkonstruktion	7 M – 13 M

D. Sonstige Gebäude

	Ausstattung		
	einfach	**mittel**	**gut bis sehr gut**
Verwaltungsgebäude	18 – 20 M	20 – 25 M	22 – 28 M
Gerichtsgebäude	18 – 20 M	19 – 21 M	21 – 23 M
Büchereien	18 – 22 M	22 – 26 M	26 – 32 M
Ladengebäude	15 – 20 M	20 – 25 M	25 – 35 M
Lagerhallen	6 – 10 M	10 – 12 M	12 – 15 M
Hallenbauten	4 – 6 M	6 – 8 M	8 – 10 M
Saalbauten in Holzbauart	5 – 6 M	6 – 8 M	8 – 10 M
Saalbauten in Massivbauart	15 – 20 M	20 – 25 M	25 – 40 M
Vergnügungsstätten	18 – 22 M	22 – 30 M	30 – 40 M
Vereinshäuser, Klubhäuser	18 – 21 M	21 – 24 M	24 – 30 M
Bootshäuser	12 – 15 M	15 – 18 M	18 – 24 M
Turnhallen	10 – 13 M	14 – 16 M	16 – 19 M

Wichtig: Die abgedruckten Werte sind Durchschnittspreise und müssen im Einzelfall möglicherweise korrigiert werden.

Gehen Sie grundsätzlich davon aus, dass Sie bei freistehenden Häusern den oberen Rahmen der Raummeterpreise ansetzen müssen. Aneinander oder übereinander errichtete Wohngebäude haben im Allgemeinen einen niedrigeren Wert. Der Raummeterpreis ist tendenziell auch bei Gebäuden mit Appartementwohnungen höher. Unterscheiden Sie bei Ein- und Zweifamilienhäusern zudem, zu welchem Typus das Gebäude gehört.

Wertsteigerung nach Gebäudetyp

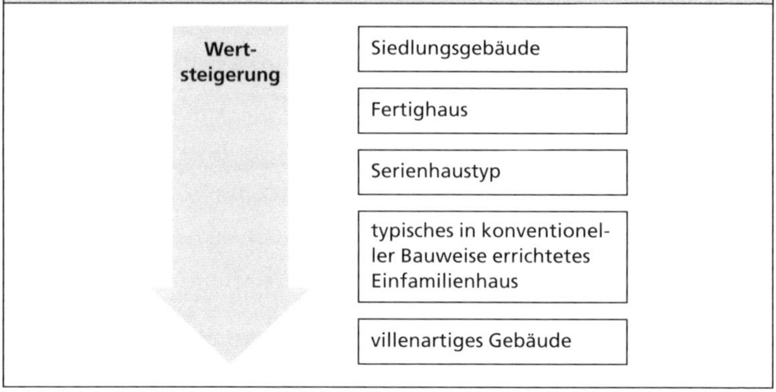

Die Raummeterpreise steigen im Allgemeinen in der Reihenfolge der Grafik an.

Auch die Bauweise ist bei Ein- und Zweifamilienhäusern entscheidend. Hier steigen die maßgebenden Raummeterpreise in Abhängigkeit von der Bauweise ebenfalls in der Reihenfolge der nachstehenden Grafik an.

Wertsteigerung nach Bauweise

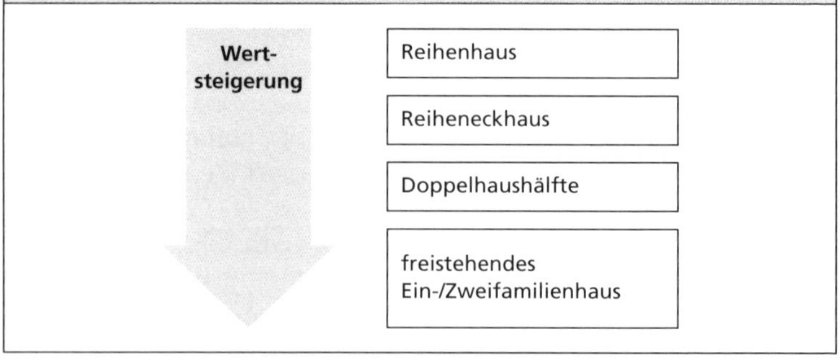

Wichtig: Für Einfamilienhäuser mit mittlerer und guter Ausstattung gelten Durchschnittswerte zwischen 15 M und 30 M pro Kubikmeter.

Folgende Bauteile haben weiteren Einfluss auf den Raummeterpreis bei Einfamilienhäusern. Der Raummeterpreis steigt in der Reihenfolge, in der die Bauteile in der Grafik aufgeführt sind.

Wertsteigerung nach Bauteilen

Wertsteigerung

Dachausführung	Flachdach, Steildach mit Ziegeleindeckung, Steildach mit Schiefer, Kupferdacheindeckung
Heizungsanlage	Kohleeinzelöfen, Zentralkachelöfen, Zentralheizung, Fußbodenheizung, Klimaanlage
Elektroinstallation	wenige Brennstellen, Schaltstellen, Steckdosen; viele Brennstellen, Schaltstellen, Steckdosen und Wechselschaltungen, Türsprechanlage, Überwachungs- und Sicherungsanlagen
sanitäre Installation	je nach Anzahl der Sanitärräume und Qualität der Einrichtungen

Für offene Kamine, Schwimmbecken im Gebäude, Sauna und sonstige aufwendige Anlagen müssen Sie den Raummeterpreis zusätzlich erhöhen. Grund: Diese Anlagen sind in den Durchschnittspreisen nicht enthalten. Folglich müssen Sie Zuschläge zu den ausgewiesenen Tabellenwerten anbringen.

So bestimmen Sie die Ausstattung

Merkmale	einfache Ausstattung 1	üblicher Standard 2	gehobener Standard 3	gute Ausstattung 4
Raumgröße	Die Raumgrößen sind nicht ausreichend bemessen. Die Wohnfläche liegt unter 20 qm.	Die Raumgrößen sind ausreichend groß. Die Wohnfläche beträgt mehr als 20 qm.	Die Raumgrößen sind gut bemessen. Die Wohnfläche liegt über 30 qm.	wie Spalte 3
Sanitäre Ausstattung	WC, Waschbecken	Badezimmer	Zwei Sanitärräume, bestehend aus Badezimmer und WC	Zwei oder mehrere Sanitärräume mit guter Ausstattung
Heizung	Einzelofen	Zentralheizung oder Etagenheizung	Zentralheizung mit Warmwasserversorgung	wie Spalte 3, zusätzlich Fußbodenheizung oder offener Kamin
Fenster	einfache Fenster und einfache Verglasung	Fenster mit Isolierverglasung, Verbundfenster oder Doppelfenster	wie Spalte 2, zusätzlich Rolläden	wie Spalte 2, zusätzlich elektrisch gesteuerte Rollläden
Fußboden	Holzdielen, Linoleum	Teppich, teilweise PVC, Fliesen im Sanitärraum	Teppich, Parkett, Fliesen in den Sanitärräumen	Teppich in sehr guter Qualität vorhanden, Natursteine, Fliesen in den Sanitärräumen
Wandbehandlung	gestrichener Putz, einfache Tapeten	Tapeten, Fliesen im Badezimmer bis 1,5 m Höhe	Tapeten, Sanitärräume bis zur Decke gefliest, Einbauschränke	Tapeten, teilweise Sichtmauerwerk oder Holzverkleidungen, Sanitärräume bis zur Decke gefliest

noch: So bestimmen Sie die Ausstattung

Merkmale	einfache Ausstattung	üblicher Standard	gehobener Standard	gute Ausstattung
	1	2	3	4
Kücheneinrichtung	Herd, Spüle	wie Spalte 1, jedoch bessere Ausführung	Einbauküche	Einbauküche in guter Ausstattung
Anzahl der in dieser Spalte ausgewählten Alternativen	....	....	....	....
Legen Sie die Ausstattung der Spalte zugrunde, in der Sie die meisten Alternativen angekreuzt haben. Bilden Sie dabei auch einen rechnerischen Mittelwert.				

Sachwert ermitteln

Baukosten-Index für Gebäude

1913	100,0	1935	131,3	1957	336,1
1914	106,8	1936	131,3	1958	346,9
1915	119,7	1937	134,0	1959	365,3
1916	132,0	1938	135,4	1960	392,5
1917	163,9	1939	137,4	1961	422,4
1918	227,2	1940	139,5	1962	457,1
1919	373,5	1941	148,3	1963	481,0
1920	1068,0	1942	158,5	1964	503,4
1921	1803,0	1943	161,9	1965	524,5
1922		1944	165,3	1966	541,5
1923		1945	170,7	1967	529,9
1924	138,1	1946	182,3	1968	552,4
1925	170,1	1947	212,9	1969	584,0
1926	165,3	1948	281,0	1970	680,3
1927	167,3	1949	262,6	1971	750,5
1928	174,8	1950	250,3	1972	801,2
1929	177,6	1951	289,8	1973	860,0
1930	170,1	1952	308,8	1974	922,6
1931	155,9	1953	298,8	1975	944,6
1932	132,0	1954	300,0	1976	977,1
1933	125,2	1955	316,3	1977	1024,5
1934	131,3	1956	324,5	1978	1087,8

noch: Baukosten-Index für Gebäude

1979	1183,3	1991	1855,6	2003	2152,9
1980	1309,7	1992	1985,0	2004	2180,9
1981	1386,3	1993	2083,0	2005	2199,6
1982	1426,3	1994	2132,9	2006	2249,9
1983	1456,4	1995	2182,9	2007	2411,5
1984	1492,4	1996	2179,1	2008	2459,9
1985	1498,7	1997	2162,7	2009	2480,8
1986	1519,3	1998	2155,1	2010	2505,5
1987	1548,2	1999	2147,4	2011	2574,9
1988	1581,1	2000	2154,5	2012	2642,0
1989	1638,9	2001	2152,9	2013	2685,5
1990	1744,5	2002	2151,8		

Für 1922 und 1923 sind wegen der sprunghaften Geldentwertung keine brauchbaren Index-Zahlen vorhanden.

Die in der Tabelle angegebenen Index-Zahlen ermöglichen eine Umrechnung der Preise von 1913 in Mark auf aktuelle Jahre in DM. Zur Umrechnung in einen Euro-Betrag muss der amtliche Umrechnungskurs verwendet werden: 1 Euro = 1,95583 DM

Für die nachstehenden Jahre werden die Index-Zahlen ausgewiesen, die sich bereits auf einen Euro-Betrag beziehen:

1999	1098,0	2004	1115,1	2009	1268,4
2000	1101,6	2005	1124,6	2010	1281,0
2001	1100,7	2006	1150,4	2011	1316,5
2002	1100,2	2007	1233,0	2012	1350,8
2003	1100,8	2008	1257,7	2013	1373,0

Die Index-Zahlen sind aus den Veröffentlichungen des Statistischen Bundesamtes abgeleitet und sind abrufbar unter: www.destatis.de

Vorsicht: Baunebenkosten

Die Tabelle der Raummeterpreise enthält keine Baunebenkosten. Ermitteln Sie den Wert eines Gebäudes im Sachwertverfahren, müssen Sie jedoch auch die Baunebenkosten erfassen.

Praxis-Tipp:
Erfassen Sie die Baunebenkosten durch einen Zuschlag. Wählen Sie bei durchschnittlichen Ein- oder Zweifamilienhäusern einen Zuschlag zwischen 10 und 17 %.

Für die Baunebenkosten gelten im Einzelnen folgende Zuschläge:

Baunebenkosten in % des Gebäudewerts (einschließlich Außenanlagen)		
Bausumme	Zuschlag	
bis	von	bis
15.000 EUR	16 %	22 %
50.000 EUR	14 %	20 %
150.000 EUR	12 %	17 %
250.000 EUR	11 %	16 %
500.000 EUR	10 %	15 %
2.500.000 EUR	8 %	11 %

Richten Sie sich bei der Höhe des Zuschlags nach der Ausstattung des Gebäudes. Sofern das Gebäude weniger wertvoll ausgestattet ist, entscheiden Sie sich für einen im unteren Bereich liegenden Prozentsatz. Ist die Ausstattung des Gebäudes wertvoller, wenden Sie einen Prozentsatz im oberen Bereich an.

Wichtig: Mit steigendem Herstellungswert der Gebäude fällt der Prozentanteil der Baunebenkosten an den Gesamtherstellungskosten.

Wundern Sie sich deshalb nicht, dass bei Bauwerken mit Gesamtherstellungskosten von unter 25.000 EUR die Baunebenkosten durchaus mehr als 20 % betragen können. Bei hohen Gesamtherstellungskosten reicht folglich ein wesentlich niedrigerer Prozentsatz als Zuschlag für die Baunebenkosten aus.

Diese Kosten sind mit dem Zuschlag für Baunebenkosten abgegolten:

- Agio
- Architektenhonorare
- Bauaufsicht
- Bauherrenhaftpflichtversicherung
- Baustatik
- Bauwesenversicherung
- Bearbeitungsgebühren
- Beleihungsprüfung
- Bereitstellungszinsen
- Gebäudeversicherung
- Gebühren für behördliche Abnahmen
- Gebühren für behördliche Genehmigungen
- Gerichtsgebühren
- Hausratversicherung
- Ingenieurhonorare
- Kosten der Bestandsaufnahme
- Kosten der in unmittelbarem Zusammenhang mit der Herstellung üblichen Finanzierung
- Kosten der Möbelzwischenlagerung
- Kosten der Zwischenfinanzierung
- Kosten für behördliche Prüfungen
- Kosten für die Baudurchführung
- Kosten für die Planung des Gebäudes
- Kosten für die Wertschätzung
- Notargebühren
- Umsetzungskosten
- Umzugskosten
- Versicherungen
- Verwaltungsleistungen des Bauherrn

Praxis-Tipp:
Die Baunebenkosten gehören stets zur Wertermittlung. Grund: Ein Bauherr muss bereits für ein Architektenhonorar und andere Ingenieurleistungen im Allgemeinen zwischen 10 und 11 % aufwenden.

Gutachter-Faustregel

Profitieren Sie von der Gutachter-Faustregel. Der Wert eines Gebäudes hängt wesentlich vom umbauten Raum ab. Je größer der umbaute Raum ist, desto teurer und wertvoller wird das Gebäude. Selbstverständlich spielt daneben der maßgebende Preis pro Kubikmeter umbauten Raums eine entscheidende Rolle. Vergleichen Sie die Werte in der Tabelle, stellen Sie jedoch schnell fest, dass die Preisspanne relativ fest liegt.

Für typische Einfamilienhäuser können Sie deshalb durchaus einen Durchschnittswert anwenden, der zu erstaunlich genauen Ergebnissen führt. Das kann für Sie interessant sein, wenn Sie nur einen groben Anhaltspunkt hinsichtlich des Grundstückswerts suchen und deshalb darauf verzichten wollen, bis in die letzten Einzelheiten der Wertermittlung einzusteigen.

Beispiel:

Sie interessieren sich für den Wert eines Einfamilienhauses mit einem umbauten Raum von 1000 cbm. Das Grundstück selbst ist 500 qm groß. Der Bodenrichtwert beträgt 250 EUR pro qm. Das Einfamilienhaus wurde 1995 bezugsfertig. Sie interessieren sich für den Wert des Einfamilienhauses in 2013. Eine detaillierte Berechnung des Verkehrswerts halten Sie nicht für erforderlich. Ihnen reicht eine überschlägige Berechnung aus.

Wenden Sie die Gutachter-Faustregel an. Rechnen Sie wie folgt:

Wert des Grund und Bodens			
500 qm × 250 EUR/qm			→ 125.000 EUR
Wert des Gebäudes			
1000 cbm			
× 25 M/cbm (Kosten 1913)			
× 2.685,5 % Index des Jahres 2013			
× 1/1,95583		→ 343.269 EUR	
Alterswertminderung			
Baujahr	1995		
Bewertungsjahr	2013		
Alter	18 Jahre		
Lebensdauer	100 Jahre		
Alterswert-minderung mithin 18 % von 343.269 EUR		– 61.788 EUR	
Gebäudewert		281.481 EUR	→ 281.481 EUR
Zuschlag Außenanlagen/ Baunebenkosten		pauschal	13.519 EUR
Wert des Einfamilienhauses			**420.000 EUR**

Keine Probleme mit dem umbauten Raum!

Die Wohnfläche eines Einfamilienhauses ist eine geläufige Größe. Auch die Nutzfläche von Bürobauten ist regelmäßig bekannt. Die Berechnungsgröße „umbauter Raum" des Gebäudes ist dem Eigentümer eines Grundstücks häufig nicht geläufig. Grund: Sie verlangen die Miete für ein Gebäude regelmäßig nicht in Abhängigkeit vom umbauten Raum, sondern in Abhängigkeit von der Wohnfläche oder der Nutzfläche.

Sie brauchen allerdings die Berechnungsgröße „umbauter Raum“, wenn Sie eine Bewertung im Sachwertverfahren durchführen wollen. In den wenigsten Fällen brauchen Sie den umbauten Raum selbst zu berechnen. In der Praxis gibt es nahezu für jedes Gebäude eine qualifizierte Berechnung.

Sie können den umbauten Raum (Rauminhalt) auf verschiedene Weise ermitteln:

- Berechnung des Architekten
- Bauakte
- Einheitswertakte
- Eigene Berechnung

Berechnung des Architekten

Entnehmen Sie den Rauminhalt des Gebäudes aus der Berechnung des Architekten, der das Gebäude errichtet hat. In Einzelfällen sind entsprechende Berechnungen zu einem späteren Zeitpunkt angefertigt worden. Legen Sie stets die genaueste Berechnung des umbauten Raums zugrunde.

Praxis-Tipp:
Die Berechnungsunterlagen hinsichtlich der Wohnfläche, der Nutzfläche oder des umbauten Raums sind im Allgemeinen beim Eigentümer des Grundstücks vorhanden.

Bauakte

Entnehmen Sie den Rauminhalt der Bauakte des zu bewertenden Grundstücks. Die Bauakte können Sie beim Bauamt einsehen, sofern der Grundstückseigentümer seine Zustimmung gegeben hat. Sind Sie selbst Eigentümer des Gebäudes, dürften keine Schwierigkeiten auftreten.

Praxis-Tipp:

In der Bauakte finden sich oft auch andere wertvolle Hinweise, die jeden Grundstückseigentümer interessieren. Das können zum Beispiel Bauschäden oder Baumängel sein, die in früheren Jahren aufgetreten sind. Andererseits finden sich in den Bauakten oft alte Zeichnungen, die eine eigene Berechnung des umbauten Raums wesentlich erleichtern.

Einheitswertakte

Entnehmen Sie den Rauminhalt aus der Einheitswertakte des Finanzamts. Sofern das Finanzamt in den Einheitswertakten noch alte Unterlagen führt, können Sie leicht Vermerke hinsichtlich des umbauten Raums finden. Dies setzt jedoch voraus, dass die Bewertungsakte auch noch Unterlagen der Jahre vor 1964 enthält. Denn bei der allgemeinen Hauptfeststellung zum 1.1.1964 brauchte der umbaute Raum nicht erklärt werden.

Praxis-Tipp:

In die Einheitswertakte können Sie als Eigentümer des Grundstücks einsehen. Sofern Sie das Grundstück kaufen wollen, brauchen Sie die Einwilligung des Grundstückseigentümers. Benutzen Sie dazu das Musterschreiben, das Sie im Kapitel über die Datenbeschaffung finden.

Eigene Berechnung

Ermitteln Sie den Rauminhalt durch eine eigene Berechnung.

Es gilt folgende Formel:

Breite des Gebäudes
×
Länge des Gebäudes
×
Höhe des Gebäudes (einschließlich Keller)

Es sind jeweils die Außenmaße des Gebäudes entscheidend.

Praxis-Tipp:

Die Längen- und Breitenmaße eines Gebäudes machen keine Schwierigkeiten. Oft ist es problematisch, die Höhe eines Gebäudes zu bestimmen. Nutzen Sie dazu einen wirkungsvollen Gutachtertrick: Zählen Sie die übereinander liegenden Klinkersteine von der Erdoberfläche bis zur Dachspitze. Messen Sie anschließend aus, wie viele Klinkersteine in einen oder zwei Meter passen. Auf diese Weise können Sie leicht die Gesamthöhe des Gebäudes bestimmen.

Beispiel:

Sie wollen ein altes Bauernhaus kaufen. Der Landwirt stellt Ihnen keine Zeichnungen oder Unterlagen zur Verfügung. Dennoch wollen Sie sich nicht nur gefühlsmäßig auf einen Kaufpreis einigen, sondern den Sachwert des Gebäudes berechnen. Die Breite und Länge haben Sie durch Abschreiten ermittelt. Ihnen fehlt die Höhe des Gebäudes.

Gehen Sie so vor: Zählen Sie die Klinkersteine von der Erdoberfläche bis zur Dachunterkante und bis zum Dachfirst. Fertigen Sie eine Handskizze.

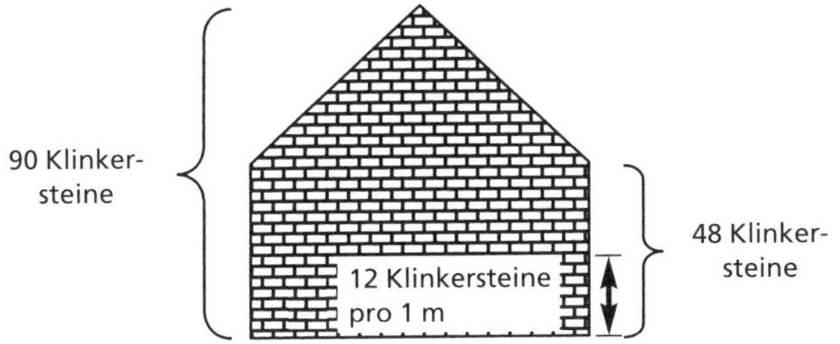

Rechnen Sie wie folgt:

Höhe Erdoberfläche bis Dachunterkante: $\frac{48}{12}\,m = 4\,m$

Höhe Erdoberfläche bis Dachfirst: $\frac{90}{12}\,m = 7{,}5\,m$

Besonderheiten bei der DIN 277

Die Regeln zur Berechnung des umbauten Raums haben sich im Laufe der Zeit geändert. Grundsätzlich ist die vom Deutschen Institut für Normung e. V. erstellte DIN 277 für die Berechnung des umbauten Raums von Hochbauten anzuwenden.

Allerdings hat sich auch diese DIN 277 über die Jahre verändert. Das hat Auswirkungen auf die Bewertung im Sachwertverfahren. Schließlich müssen die anzusetzenden Baupreise mit der jeweils geltenden DIN 277 korrespondieren.

Bis 1973 musste die DIN 277 in der Fassung vom November 1950 angewendet werden. Damit auch moderne und verschachtelte Gebäude genau berechnet werden können, wurde im Mai 1973 eine Neufassung der DIN 277 herausgegeben. Diese Neufassung wurde im Juni 1987 erneut geändert. Die in der vereinfachten Tabelle der Raummeterpreise ausgewiesenen Zahlen korrespondieren mit der DIN 277 (November 1950). Dies hat zwar den Nachteil, dass eine Berechnung des umbauten Raums nach der DIN 277 (Mai 1973) oder nach der DIN 277 (Juni 1987) nicht unmittelbar angewendet werden kann. Gleichwohl profitieren Sie von einem einheitlichen Wertgefüge auf der Basis des Jahres 1913. Außerdem bleibt Ihnen ein unübersichtliches Tabellenchaos erspart.

Wichtig: Die Architekten geben in ihrer Berechnung des umbauten Raums an, nach welcher Fassung der DIN 277 gerechnet wurde. Legt der Architekt die DIN 277 nach dem Stand November 1950 zugrunde, können Sie die Raummeterpreise uneingeschränkt anwenden und brauchen keinerlei Umrechnungen vorzunehmen.

Wendet der Architekt die DIN 277 in den neueren Fassungen an, müssen Sie den umbauten Raum umrechnen. Hierbei ergeben sich im Allgemeinen keine Schwierigkeiten. Grund: Die Umrechnung erfolgt durch Abschläge, die auf allgemein anerkannten Erfahrungssätzen beruhen.

Es gilt folgende Tendenz: Die DIN 277 in den neueren Fassungen kommt regelmäßig zu einem größeren umbauten Raum.

Abschläge

Passen Sie die DIN 277 (Mai 1973 bzw. Juni 1987) durch folgende Abschläge an die DIN 277 (November 1950) an. Beachten Sie, dass die Höhe der Abschläge im Wesentlichen von den unterschiedlichen Bauformen abhängig ist.

Umbauter Raum nach DIN 277 (Juni 1987 bzw. Mai 1973)	Erforderlicher Abschlag
Flachbau ohne Unterkellerung	ca. 7 %
Flachbau mit Unterkellerung	ca. 5 %
Bauten mit Satteldächern und nicht ausgebautem Dachgeschoss	ca. 27 %
Bauten mit Satteldächern und ausgebautem Dachgeschoss	ca. 8 %

So rechnen Sie bei der DIN 277 (November 1950):

Erfassen Sie den umbauten Raum		Beschreibung
voll	seitlich	Umbauter Raum, der umschlossen wird von den Außenflächen der Umfassungen.
voll	unten	Umbauter Raum, der umschlossen wird von den Oberflächen des untersten Geschosses (also ohne Fundamente) und bei nicht unterkellerten Gebäuden von der Oberfläche des Geländes, soweit das Gelände tiefer liegt als die Oberfläche des untersten Geschosses.
voll	oben	Umbauter Raum, der umschlossen wird von den Außenflächen der umschließenden Wände und Decken (bei nicht ausgebautem Dachgeschoss von der Oberfläche des Fußbodens über dem obersten Vollgeschoss).
mit einem Drittel	soweit es sich um ein nicht ausgebautes Dachgeschoss handelt	Hinweis: Nach der neuen DIN 277 sind nicht ausgebaute Dachgeschosse voll anzurechnen. Deshalb ist insoweit bei der Anpassung des umbauten Raums in der Tabelle auch ein relativ hoher Abschlag von 27 % vorgesehen.

Auf die Lebensdauer kommt es an

Der Wert von Gebäuden ist naturgemäß auch vom Alter und von der Lebensdauer abhängig. Ein 20 Jahre altes Gebäude kann wirtschaftlich schon fast wertlos sein, wenn die Lebensdauer aufgrund der Bauweise nur 30 Jahre beträgt. Dagegen ist ein Gebäude mit einer üblichen Lebensdauer von 100 Jahren noch relativ „jung", wenn es nur 20 Jahre alt ist.

Praxis-Tipp:

Ein Gebäudewert sinkt in der Bewertungspraxis nur in Ausnahmefällen unter den sogenannten „Restwert". Dieser beträgt grundsätzlich 30 %.

Beispiel:

Die vom Restwert abhängende Restnutzungsdauer bei einem 80 Jahre alten Gebäude mit einer Lebensdauer von 100 Jahren beträgt noch 30 Jahre.

Beispiel:

Bei einem Gebäude mit einer Lebensdauer von nur insgesamt 60 Jahren und einem Alter von 50 Jahren berechnen Sie die Restlebensdauer unter Berücksichtigung der Restwert-Regel wie folgt:

Die Restlebensdauer beträgt: 60 Jahre × 30 % = 18 Jahre

Sie müssen daher die Lebensdauer des Gebäudes kennen, um die zutreffende Wertminderung wegen Alters zu bestimmen. Die Lebensdauer hängt im Wesentlichen von der Bauweise ab. Wurden massive Baustoffe verwandt, kann von einer längeren Lebensdauer ausgegangen werden als bei einer Leichtbauweise.

Es gilt folgende Formel für die Wertminderung:

$$\frac{\text{Alter zum Wertermittlungszeitpunkt in Jahren}}{\text{Gesamte Lebensdauer in Jahren}} \times 100 = \text{Wertminderung des Gebäudes in \%}$$

Nutzung und Bauart der Gebäude	Übliche Gesamtnutzungsdauer in Jahren
Gebäude für Industrie- oder Handwerksbetriebe, Lagergebäude, Kühlhäuser, Trockenhäuser, Schlachthäuser, Tankstellengebäude, Transformatorengebäude, Hallenbäder, Badehäuser und dergleichen	
Wellblechschuppen, Holzschuppen, Holzgebäude in Tafelbauart ohne massive Fundamente	20
Holzgebäude in Tafelbauart mit massiven Fundamenten	30
Massivschuppen, Stahlfachwerkgebäude mit Plattenverkleidung, Gebäude in leichter Bauart (ausgenommen Skelettbauten und Rahmenbauten), Gebäude aus Holzfertigteilen	40 – 50
Holzgebäude und Holzfachwerkgebäude mit Lehmausfachung oder mit Verschalung, Massivgebäude aus großformatigen Betonplatten in leichter Bauart (z. B. Porenbetonplatten)	50 – 60
Holzfachwerkgebäude mit Ziegelsteinausmauerung und Holzleimbauten	60 – 80
Massivgebäude und Gebäude in Stahl- oder Stahlbetonskelettkonstruktion (auch Gebäude aus Mauerwerk-, Stahl-, Stahlbeton- oder Betonfertigteilen)	80 – 100
Wohngebäude, Verwaltungsgebäude, Hotelgebäude und alle nicht in die vorgenannte Rubrik gehörenden Gebäude	
Wellblechschuppen, Holzschuppen, Holzgebäude in Tafelbauart ohne massive Fundamente	20
Holzgebäude in Tafelbauart mit massiven Fundamenten	30

6

noch: Nutzung und Bauart der Gebäude

Nutzung und Bauart der Gebäude	Übliche Gesamtnutzungsdauer in Jahren
Massivschuppen, Stahlfachwerkgebäude mit Plattenverkleidung, Gebäude in leichter Bauart, Gebäude aus Holzfertigteilen	40 – 50
Holzgebäude und Holzfachwerkgebäude mit Lehmausfachung oder mit Verschalung, Massivgebäude aus großformatigen Betonplatten in leichter Bauart (z. B. Porenbetonplatten)	60 – 70
Holzfachwerkgebäude mit Ziegelsteinausmauerung und Holzleimbauten	70 – 90
Massivgebäude und Gebäude in Stahl- oder Stahlbetonskelettkonstruktion (auch Gebäude aus Mauerwerk-, Stahl-, Stahlbeton- oder Betonfertigteilen)	80 – 100

Praxis-Tipp:

Setzen Sie im Zweifelsfall bei einem Massivgebäude eine Lebensdauer von 100 Jahren an. Unterliegt das Gebäude einer stärkeren Abnutzung als vergleichbare Gebäude, legen Sie eine Lebensdauer von nur 80 Jahren zugrunde. Das wäre beispielsweise bei Fabrikgrundstücken der Fall.

Baumängel und Bauschäden

Berücksichtigen Sie neben der Wertminderung wegen Alters auch etwaige Wertminderungen aufgrund von Baumängeln und Bauschäden. Nun ist die Schadenermittlung eine fast eigenständige Problematik innerhalb der Bewertungsverfahren. Zwar gibt es bestimmte Erfahrungssätze, jedoch brauchen Sie genauere Kenntnisse über die sehr vielfältigen Mängel und Schäden, die zu beurteilen sind.

Praxis-Tipp:

Versuchen Sie Baumängel und Bauschäden pauschal in der Wertermittlung zu berücksichtigen: Die Wertminderung ist so hoch wie die Kosten, die erforderlich sind, um die Mängel und Schäden zu beseitigen.

Begriff	Definition
Baumangel	Ein Baumangel beruht auf mangelhafter Bauausführung.
Bauschaden	Ein Bauschaden ist ein schadhafter Zustand, der durch Einwirkungen auf das Objekt verursacht wurde. Ein Bauschaden kann sich aus einem Baumangel entwickelt haben. Deshalb darf nicht allein der Bauschaden berücksichtigt werden, denn dauerhaft kann dieser nur beseitigt werden, wenn auch die Schadensursache, also der Baumangel, beseitigt wird.

Sonstige wertbeeinflussende Umstände

Stellen Sie neben der Wertminderung wegen Alters oder der Wertminderung aufgrund von Baumängeln und Bauschäden noch Umstände fest, die bei der Wertermittlung nicht berücksichtigt wurden, sind weitere Zu- oder Abschläge erforderlich.

Auch hier zeigt sich, dass die wertbeeinflussenden Umstände selbst und das Ausmaß der Beeinflussung für die Höhe der Korrekturen entscheidend sind. Versuchen Sie, die Höhe der im Einzelfall erforderlichen Zuschläge durch Marktbeobachtungen zu ergründen.

Typische Umstände, die eine Korrektur erfordern, sind:

- die wirtschaftliche Überalterung
- ein überdurchschnittlicher Erhaltungszustand

Preise für Außenanlagen

Legen Sie bei baulichen Außenanlagen Durchschnittswerte zugrunde, um den Normalherstellungswert zu berechnen. Nutzen Sie hierfür die nachstehenden Tabellen. Die ausgewiesenen Preise geben die Kosten an, die durchschnittlich erforderlich sind, um die Außenanlagen herzustellen. Die Tabellen enthalten häufig vorkommende Außenanlagen.

Die Preise beziehen sich auf das Basisjahr 1913. Die Umrechnung auf den aktuellen Zeitwert nehmen Sie ebenfalls mit der Tabelle „Baukosten-Index" vor (siehe Seite 81).

Preise (Basisjahr 1913) für Umzäunungen	
Holzzäune	3,00 M bis 5,50 M
Stahl-/Betonpfeiler mit Drahtgeflecht	3,50 M bis 7,00 M
Grenzmauern	11,00 M bis 50,00 M

Die Preise hängen von der Höhe der Umzäunung ab und beziehen sich auf eine Höhe zwischen 1 m und 2,5 m.

Preise (Basisjahr 1913) für Platzbefestigungen	
Teerbelag auf Schotter	5,00 M bis 7,00 M
Beton	5,00 M bis 7,00 M
Pflaster auf Beton/Kies	6,00 M bis 8,00 M

Umrechnung der ursprünglichen Herstellungskosten

Der Wert der Außenanlagen kann auch durch eine Umrechnung der ursprünglich für die Außenanlagen aufgewendeten Herstellungskosten erfolgen.

Beispiel:

1995 wurden für eine 25 m lange Grenzmauer 7.500 EUR aufgewendet.

Die Umrechnung der tatsächlichen Herstellungskosten auf das Jahr der Wertermittlung 2013 erfolgt nach folgender Formel:

Ursprüngliche Herstellungskosten / Index des Herstellungsjahres	×	Index des Jahres der Wertermittlung

Für die Grenzmauer bedeutet dies:

7.500 EUR / 2.182,9	×	2.685,5	=	9.227 EUR
abzüglich Wertminderung				
wegen Alters für		17 Jahre		
bei einer Lebensdauer von		50 Jahren		
Wertminderung folglich		34 %		– 3.137 EUR
Wert der Grenzmauer im Jahr 2013				6.090 EUR

Wertminderung wegen Alters

Ziehen Sie – wie bei den Gebäuden – auch bei baulichen Außenanlagen eine Wertminderung wegen Alters ab. Die Höhe hängt auch bei den Außenanlagen vom Verhältnis des Alters zum Bewertungszeitpunkt zur Gesamtnutzungsdauer ab.

Es gilt folgende Formel für die Wertminderung:

$$\frac{\text{Alter zum Wertermittlungszeitpunkt in Jahren}}{\text{Gesamte Lebensdauer in Jahren}} \times 100 = \text{Wertminderung der Außenanlage in \%}$$

Ziehen Sie höchstens eine Wertminderung wegen Alters von 70 % ab. Folglich gilt bei den Außenanlagen dieselbe Regel wie bei den Gebäuden: Auch bei alten Außenanlagen existiert noch ein Restwert. Dieser Restwert wird in der Bewertungspraxis mit 30 % angesetzt.

Wichtig: Bei Außenanlagen kann der Restwert von 30 % schon einmal zu hoch sein. Der Eigentümer eines Gebäudes vernachlässigt die Bausubstanz im Allgemeinen nicht völlig, so dass ein Restwert von 30 % normalerweise zutreffend ist. Bei Außenanlagen kann dies durchaus anders sein. Hier kann im Einzelfall auch ein völliger Wertverzehr eintreten, so dass kein Restwert anzusetzen ist.

Praxis-Tipp:

Schauen Sie sich Außenanlagen stets genau an und überlegen Sie, ob die Außenanlagen noch etwas wert sind. Ist ein vollständiger Wertverzehr eingetreten, setzen Sie keinen Restwert mehr an.

Lebensdauer für Außenanlagen

Die nachstehend abgedruckten Übersichten weisen die übliche Gesamtnutzungsdauer von häufig zu erfassenden baulichen Außenanlagen aus.

Umzäunungen	Übliche Lebensdauer
Holzzäune	10 – 30 Jahre
Stahl-/Betonpfeiler mit Drahtgeflecht	30 – 40 Jahre
Grenzmauern (abhängig von der Stärke)	30 – 60 Jahre

Platzbefestigungen	Übliche Lebensdauer
Teerbelag auf Schotter	20 – 40 Jahre
Beton	30 – 50 Jahre
Pflaster auf Beton oder Kies	40 – 70 Jahre

Pauschale Wertermittlung

Sie brauchen nicht immer pedantisch alle Außenanlagen zu bewerten. Wenn Sie ein Grundstück beurteilen, das sich von vergleichbaren Grundstücken nicht unterscheidet, können Sie die Außenanlagen auch mit einem pauschalen Zuschlag erfassen.

Beispielsweise sind nahezu bei jedem Ein- oder Zweifamilienhaus auch Zufahrten, Stellplätze, Einfriedungen und Gartenanlagen vorhanden. Die Relation dieser Kosten zu den gesamten Herstellungskosten des Gebäudes ist deshalb bei unterschiedlichen Grundstücken im Allgemeinen annähernd gleich.

Gebäudetyp	Pauschaler Zuschlag zum Gebäudewert
Ein- und Zweifamilienhäuser	1 – 2 %
Ein- und Zweifamilienhäuser mit größeren befahrbaren Weg- oder Platzbefestigungen	bis zu 5 %
Ein- und Zweifamilienhäuser mit parkähnlichen Grünanlagen, größeren Zierteichen oder anderen aufwendigen Außenanlagen	bis zu 5 %

Sonstige Anlagen

Hierunter sind außergewöhnliche Anlagen zu verstehen, die weder im Bodenwert noch im Wert der baulichen Anlagen enthalten sind.

Derartige sonstige Anlagen sind eher selten und in der Praxis nur schwer zu bewerten. Hier sollten Sie Rat bei einem Sachverständigen einholen. Bei den sonstigen Anlagen kann es sich beispielsweise um parkähnliche Gartenanlagen mit außergewöhnlichen oder wertvollen Bepflanzungen handeln, die weit über das übliche und normale Maß einer gestalterischen Grünanlage hinausgehen.

Profi-Tricks der Gutachter

Baukosten-Hochrechnung: zeitsparend und einfach

Die Baukosten-Hochrechnung ist eine für Sie besonders vorteilhafte und clevere Methode, die auch von den professionellen Gutachtern angewandt wird. Dabei müssen Sie sich nicht mühsam durch Tabellen quälen und den maßgebenden Preis pro Kubikmeter schätzen. Sie brauchen lediglich die tatsächlichen Herstellungskosten des Gebäudes in den Wert umzurechnen, der zum aktuellen Bewertungszeitpunkt gilt.

Praxis-Tipp:

Die Baukosten-Hochrechnung funktioniert allerdings nur, wenn Ihnen die ursprünglichen Herstellungskosten bekannt sind. Geben Sie bei der Ermittlung nicht sofort auf. Die ursprünglichen Herstellungskosten sind oft relativ leicht zu ermitteln.

7

Die Umrechnung der ursprünglichen Herstellungskosten erfolgt mit dem Baupreis-Index. Vergessen Sie nicht, die seit dem Zeitpunkt der Fertigstellung des Gebäudes eingetretene Wertminderung wegen Alters entsprechend der Gesamtlebensdauer des Gebäudes abzuziehen.

Es gilt folgende allgemeine Formel:

$$\text{Indizierte Baukosten} = \left[\text{tatsächliche Baukosten} \times \frac{\text{Index aktuelles Jahr}}{\text{Index Baujahr}}\right]$$

Profitieren Sie von dem einfachen Verfahren der Baukosten-Indizierung. Dies ist eine Umrechnung der tatsächlich entstandenen Herstellungskosten für die baulichen Anlagen mit Hilfe des Baukosten-Index (siehe Kapitel 5).

Bei der Indizierung gibt es nur ein Problem: Woher bekommen Sie die ursprünglichen Baukosten? Die Antwort wird umso schwieriger, je älter das Gebäude ist. Denn meistens werden die

Rechnungen und die Ermittlung der Herstellungskosten nicht über Generationen aufbewahrt. Handelt es sich um ein Gebäude, das sich nicht im Familienbesitz befand, erscheint die Ermittlung der ursprünglichen Herstellungskosten noch komplizierter.

Praxis-Tipp:
Nutzen Sie in diesen Fällen die besonderen Kniffe und Tricks der Gutachter. Es gibt ergiebige Quellen, die Ihnen fast immer alle gewünschten Auskünfte liefern.

Wenden Sie die Baukosten-Indizierung bei Grundstücken an, deren Wert in erster Linie von der Sache selbst bestimmt wird. Die Indizierung führt bei allen Grundstücken zu relativ genauen Ergebnissen, die im Sachwertverfahren zu bewerten sind. Steht bei Immobilien mehr die Rendite im Vordergrund, sind Unsicherheiten nicht immer zu vermeiden, weil die Ertragskomponente in den Herstellungskosten nicht unmittelbar zum Ausdruck kommt.

Baukosten-Indizierung eignet sich primär für folgende Immobilien:

- Einfamilienhäuser
- Zweifamilienhäuser
- Alle anderen Grundstücke, bei denen die Eigennutzung im Vordergrund steht

Wenden Sie die Baukosten-Indizierung auch bei den folgenden Grundstücksarten an:

- Ausstellungs- und Messehallen
- Autobahnraststätten
- Badeanstalten
- Bahngrundstücke
- Bootshäuser
- Grundstücke für Bank- und Kreditinstitute
- Hafengrundstücke

noch: Baukosten-Indizierung bei folgenden Grundstücksarten

- Hallenbäder
- Jagdhütten
- Kliniken
- Krankenhäuser
- Kühlhäuser
- Lagerhausgrundstücke
- Lichtspielhäuser
- Markthallen
- Molkereigrundstücke
- Mühlengrundstücke
- Sanatorien
- Schlachthäuser
- Schulen
- Schützenhallen
- Theatergrundstücke
- Trockenhäuser
- Turnhallen
- Versicherungsgebäude
- Verwaltungsgebäude
- Warenhausgrundstücke
- Werkstätten

Beispiel:

Ihr Vater hat 1981 ein Einfamilienhaus errichtet. Das Einfamilienhaus steht auf einem 600 qm großen Grundstück. Der Bodenrichtwert im Jahr 2013 beträgt 200 EUR/qm. Die Herstellungskosten des Gebäudes haben nach den Aufzeichnungen Ihres Vaters umgerechnet 150.000 EUR betragen. Es handelt sich um ein massives Gebäude.

Ihr Vater möchte Ihnen das Grundstück auf dem Weg der vorweggenommenen Erbfolge übertragen, wobei Sie Ausgleichszahlungen an Ihre Geschwister übernehmen sollen. Sie wollen vorab kalkulieren, welchen Wert das Gebäude 2013 hat, damit die Ausgleichszahlungen angemessen ausfallen.

So ermitteln Sie den Verkehrswert durch die Baukosten-Hochrechnung:

Wert des Grund und Bodens

Bodenrichtwert des Grundstücks im Jahr 2013		200 EUR/qm
Fläche des Grundstücks in Quadratmetern		600 qm
Wert des Grund und Bodens (Fläche × Bodenrichtwert)		120.000 EUR

Wert des Gebäudes

Tatsächliche Baukosten 1981	150.000 EUR	
Baukosten-Index für das Jahr 1981	1.386,3	
Baukosten-Index für das Jahr 2013	2.685,5	

Indizierte Baukosten

$$= \left[\text{tatsächliche Baukosten} \times \frac{\text{Index für 2013}}{\text{Index für 1981}}\right]$$

$$= \left[150.000\ \text{EUR} \times \frac{2.685,5}{1.386,3}\right]$$

=	290.576 EUR	
Wertminderung wegen Alters Lebensdauer 100 Jahre (Massivbau) Alter des Gebäudes 32 Jahre 32 % × 290.576 EUR =	– 92.984 EUR	
Gebäudewert in 2013	197.592 EUR	197.592 EUR
Wert des Einfamilienhauses insgesamt		317.592 EUR
aufgerundet		**318.000 EUR**

Machen Sie es wie die Profis

Beschaffen Sie sich das Datenmaterial für die Bewertung zielstrebig und unkompliziert. Dabei können Sie ganz unterschiedliche Wege einschlagen.

Mit dem Verkäufer sprechen

Wollen Sie ein Grundstück kaufen, fragen Sie den Verkäufer, wie hoch die Herstellungskosten waren, die er bei Errichtung des Gebäudes aufgewendet hat.

Praxis-Tipp:

Sagen Sie dem Verkäufer, wozu Sie die Herstellungskosten benötigen. Nur so wird der Verkäufer die Hemmschwelle überwinden, die von ihm aufgewendeten Herstellungskosten preiszugeben.

Oberflächlich betrachtet könnte der Verkäufer ohne Ihre Information auf den Gedanken kommen, Sie wollten den Gewinn des Verkäufers berechnen. Diese Überlegung ist selbstverständlich schon aufgrund der allgemeinen Geldentwertung und der Wertveränderung bei Immobilien völlig abwegig. Deshalb ist wichtig, dass Sie den Verkäufer über Ihre Absichten informieren, weil nur so Ihr eigener Kaufentschluss getroffen werden kann.

Einkommensteuer-Akten einsehen

In Einzelfällen kann es sein, dass Ihnen der Verkäufer, trotz Ihrer ernsthaften Absicht, den tatsächlichen Zeitwert der Immobilie zu ermitteln, die Herstellungskosten nicht nennt. Eine oft verwandte Schutzbehauptung ist, dass er die Herstellungskosten nicht mehr rekonstruieren könne, weil ihm die Unterlagen fehlen.

Praxis-Tipp:

Lassen Sie nicht locker. Fordern Sie den Verkäufer auf, bei seinem Finanzamt die Einkommensteuer-Akten einzusehen, um dort die Herstellungskosten zu entnehmen. Das Finanzamt benötigt die Herstellungskosten, um die entsprechenden Absetzungen für Abnutzungen als Werbungskosten zu ermitteln. Deshalb wird der Verkäufer auch dafür gesorgt haben, dass beim Finanzamt die angesetzten Herstellungskosten möglichst vollständig vorhanden sind. Nur so konnte er optimale steuerliche Vorteile realisieren.

Weil das Finanzamt über Jahre den Werbungskostenabzug überwacht, liegt die Vermutung nahe, dass eine Aussage über die Höhe der Herstellungskosten getroffen werden kann.

Wichtig: Teilweise ist der Verkäufer tatsächlich nicht in der Lage, die ursprünglichen Herstellungskosten zu benennen. Dies ist insbesondere der Fall, wenn er das Gebäude selbst in fertigem Zustand erworben hat. In diesem Fall könnte er Ihnen nur die Anschaffungskosten nennen. Diese Größe ist für Sie jedoch kein aussagefähiger Betrag, weil die Anschaffungskosten sowohl auf den Grund und Boden als auch auf das Gebäude entfallen.

Die Aufteilung eines einheitlichen Kaufpreises in einen Teil, der auf den Grund und Boden entfällt, und einen Teil, der auf das Gebäude entfällt, ist ein eigenständiges Problem. Diese Problematik dürfen Sie nicht mit der Verkehrswert-Ermittlung vermischen.

Bauakte einsehen

Das Bauamt sammelt Unterlagen und Daten, die sich auf jedes Grundstück beziehen. Aus dieser Akte gehen neben den Berechnungsdaten häufig auch Kosten hervor, die für das Objekt in der Bauphase entstehen.

Der Bauakte können Sie folgende Daten entnehmen:

- Wohnflächenberechnung
- Berechnung des umbauten Raums
- Bauzeichnungen
- Herstellungskosten des Gebäudes
- Baujahr
- Bauweise
- Bauausführung

Praxis-Tipp:

Die in der Bauakte ausgewiesenen tatsächlichen Herstellungskosten sind mit Vorsicht zu genießen. Im Allgemeinen gibt der Architekt im Bauantrag die Höhe der voraussichtlich entstehenden Herstellungskosten an. Ob die letztlich tatsächlich aufgewendeten Herstellungskosten mit dieser Schätzung übereinstimmen, ist eine andere Sache. Konzentrieren Sie sich innerhalb der Bauakte deshalb mehr auf objektive Daten. Versuchen Sie hier insbesondere den umbauten Raum als Berechnungsgröße zu bekommen.

Einheitswertakte einsehen

In der Bewertungsstelle des Finanzamts wird auch eine Akte geführt, die sich auf das einzelne Grundstück bezieht. In dieser Akte befinden sich häufig auch die Angaben zu den ursprünglichen Herstellungskosten. Das gilt besonders für Gebäude, die vor 1950 errichtet worden sind, und sofern in der Bewertungsakte noch alte Unterlagen enthalten sind. Dies kann in einzelnen Finanzämtern unterschiedlich sein.

Praxis-Tipp:

Die in der Einheitswertakte angegebenen Herstellungskosten sind im Allgemeinen realistisch. Sie werden dort kaum überhöhte Herstellungskosten finden. Grund: Der Grundstückseigentümer, der die Erklärung hinsichtlich der Herstellungskosten abgegeben hat, hat kein Interesse, dem Finanzamt höhere Herstellungskosten vorzuspiegeln, als er tatsächlich aufgewendet hat. Er müsste sonst befürchten, dass das Finanzamt in Abhängigkeit von diesen Angaben einen höheren Einheitswert feststellt und daraus eine höhere Grundsteuer resultiert.

Die Einheitswertakte kann im Einzelfall eine Fundgrube sein. Oft finden Sie dort neben den Herstellungskosten auch Unterlagen, die bei sehr alten Gebäuden selbst in den Bauakten der Bauverwaltung nicht mehr vorhanden sind. Besonders hilfreich sind Bauzeichnungen, mit denen Sie leicht den umbauten Raum berechnen können.

Praxis-Tipp:

Die Einheitswertakte finden Sie in der Bewertungsstelle des Finanzamts, in dessen Bereich sich das Grundstück befindet. Es ist also unerheblich, wo der Eigentümer wohnt. Entscheidend ist die Lage des Grundstücks.

Aus der Einheitswertakte können Sie folgende Daten entnehmen:

- Tatsächliche Herstellungskosten des Gebäudes
- Wohn-/Nutzfläche des Gebäudes in qm
- Umbauter Raum des Gebäudes in cbm
- Fläche des Grund und Bodens in qm
- Baujahr

Praxis-Tipp:

Sofern Sie in den Unterlagen des Finanzamts oder des Bauamts einen Hinweis darauf finden, dass der Bauherr des Gebäudes erhebliche Eigenleistungen eingebracht hat, sind die tatsächlichen Herstellungskosten nicht hinreichend aussagekräftig. Sie müssen in diesem Fall die angefallenen Herstellungskosten um einen Zuschlag für die Eigenleistungen erhöhen.

Der Zuschlag wird im Allgemeinen zwischen 10 und 20 % betragen. Mehr als 20 % wird der Wert der Eigenleistungen nur in Ausnahmefällen betragen.

Wenn Sie die ursprünglichen Herstellungskosten um einen geschätzten Zuschlag wegen Eigenleistungen erhöht haben, sollten Sie immer eine Kontrollrechnung anstellen. Bei der Kontrollrechnung gehen Sie vom umbauten Raum und einem geschätzten Raummeterpreis aus. Vergleichen Sie beide Verkehrswerte miteinander und überlegen Sie, welchem Wert unter Berücksichtigung Ihrer persönlichen Kaufpreissammlung eine höhere Aussagekraft beizumessen ist.

Steuergeheimnis lüften

Bitten Sie die Bewertungsstelle des Finanzamts nur dann um die Einsicht in die Einheitswertakte, wenn Sie Eigentümer des Grundstücks sind. Das Finanzamt wird Ihnen sonst die Einsichtnahme mit dem Hinweis auf das Steuergeheimnis verweigern. Nur mit Erlaubnis des jeweiligen Eigentümers kann das Finanzamt von der Wahrung des Steuergeheimnisses befreit und so Einsicht in die entsprechenden Unterlagen genommen werden.

Praxis-Tipp:

Auch wenn Sie Eigentümer sind, sollten Sie auf jeden Fall vorher mit dem Finanzamt telefonisch einen Termin vereinbaren. Erklären Sie dem Sachbearbeiter, weshalb und zu welchem Zweck Sie in der Akte blättern wollen. Ansonsten wird sich der Sachbearbeiter fragen, weshalb Sie die Akte durchstöbern wollen. Möglicherweise wird er vermuten, dass Sie dem Finanzamt eine fehlerhafte Bearbeitung nachweisen wollen, obwohl dies überhaupt nicht Ihre Absicht ist.

So umschiffen Sie das Steuergeheimnis

Als Grundstückseigentümer dürfen Sie grundsätzlich in die Einheitswertakte sehen. Der Grundstückseigentümer kann dem Finanzamt gestatten, Sie in die Akte schauen zu lassen. Eine solche Erlaubnis kann der Grundstückseigentümer schriftlich erteilen. Er kann aber auch mit Ihnen zum Finanzamt gehen und die Akte zusammen mit Ihnen durchforsten.

Praxis-Tipp:

Stimmen Sie mit dem Sachbearbeiter des Finanzamts telefonisch einen Termin ab. Vereinbaren Sie eine konkrete Uhrzeit. Es kann sehr hilfreich sein, wenn der Sachbearbeiter bei diesem Termin ebenfalls anwesend ist, weil er konkrete Fragen leicht beantworten kann.

**Musterschreiben:
Befreiung von der Wahrung des Steuergeheimnisses**

Perrine S.

41749 Viersen, 1.6.XXXX

Herrn
Henrik R.

Bescheinigung

Sehr geehrter Herr R.,

hiermit befreie ich das Finanzamt Viersen Ihnen gegenüber von der Verpflichtung zur Wahrung des Steuergeheimnisses (§ 30 Abgabenordnung), soweit die von Ihnen gewünschte Einsichtnahme in die Einheitswertakte der Bewertungsstelle des Finanzamts Viersen

für mein Grundstück Bismarckstr. 46 in Viersen
Flur 19 Flurstück 100,
Einheitswert-Nummer 102/123 – 3 – 12345

betroffen ist.

Mit freundlichen Grüßen

Perrine S.

Praxis-Tipp:

Möglicherweise wird das Finanzamt dennoch keine Einsicht in die Einheitswertakte geben wollen. Das hat mehrere Gründe. Es kommt häufig vor, dass ein Grundstück sehr oft den Besitzer gewechselt hat. Die Daten der Voreigentümer fallen natürlich auch unter das Steuergeheimnis. Geben Sie aber auch dann nicht so schnell auf. Bitten Sie den Sachbearbeiter, freundlicherweise für Sie in den Akten nach den gewünschten Daten zu suchen. Ob Sie einen einklagbaren Rechtsanspruch auf diese Auskunft haben, ist mehr als zweifelhaft. Es gilt: Freundlichkeit siegt.

Wichtig: Weigert sich bereits der Verkäufer, Ihnen die Einsicht in die Einheitswertakte zu gestatten, wird Ihr Kaufrisiko größer. Der Verkäufer hat selbstverständlich wenig Interesse, einem potentiellen Käufer wertmindernde Umstände zu benennen, die er haarklein beim Finanzamt bei der Feststellung des Einheitswertes angegeben hat, damit seine Grundsteuer niedriger wird. Schließlich will er einen möglichst hohen Kaufpreis erzielen.

Kalkulieren Sie diese Unsicherheit bei Ihren Gesprächen über den Kaufpreis mit ein. Sprechen Sie diesen Risikofaktor an und verlangen Sie einen entsprechenden Preisnachlass.

Praxis-Tipp:

Die Erklärung zur Feststellung des Einheitswerts hat der Grundstückseigentümer normalerweise vor vielen Jahren abgegeben. Die darin enthaltenen Anmerkungen und Erklärungen hat er im Einzelnen schon vergessen. Mit diesem Trick schauen Sie gezielt hinter die Kulissen.

Anwendungsbeispiele

Verkaufsüberlegungen

Profitieren Sie von den verschiedenen Methoden der Verkehrswertermittlung, insbesondere, wenn Sie Ihr Grundstück verkaufen wollen. Klären Sie zwei entscheidende Fragen:

- Wo liegt die absolute Schmerzgrenze?

  Das bedeutet, wo liegt der Wert, unter dem Sie das Grundstück auf keinen Fall abgeben dürfen, ohne die Substanz zu verschleudern? Was muss der Verkauf mindestens bringen?
- Was kann der Verkauf voraussichtlich höchstens einbringen?

Die Überlegungen sollten Sie immer anstellen – auch wenn Sie einen Grundstücksmakler einschalten. Dessen Berechnungen könnten von weiteren Überlegungen getragen sein, die nicht primär die nackten Fakten Ihres Grundstücks und Ihres eigenen Profits betreffen.

8

Notieren Sie sich alle Angebote und legen Sie ein eigenes Diagramm an. Nur so erhalten Sie eine Bandbreite von Wertvorstellungen, innerhalb der sich der tatsächliche Wert Ihres Grundstücks bewegt.

Muster eines Diagramms über die eingegangenen Angebote

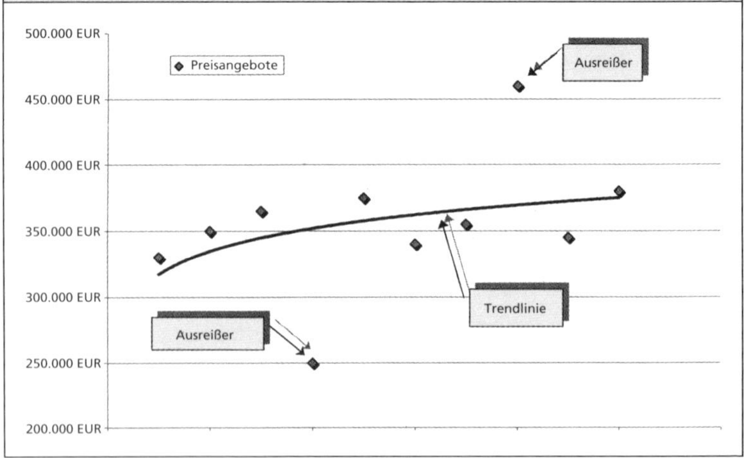

Praxis-Tipp:
Lassen Sie Ihr Grundstück von den Kaufinteressenten besichtigen. Sorgen Sie für einen „aufgeräumten Zustand". Der Käufer könnte sonst den Eindruck gewinnen, dass Ihr Objekt in unbestimmtem Umfang im Wert gemindert ist.

Kaufentscheidung

Wollen Sie ein Grundstück kaufen, gelten die Überlegungen für den Verkauf mit umgekehrten Vorzeichen. Kalkulieren Sie den Wert des Grundstücks mit den verschiedenen Methoden durch, wobei Sie versuchen sollten, die genaueste Methode zu wählen. Nicht immer wird dies bis in die letzte Einzelheit möglich sein. Nutzen Sie die gesamte Palette der Tricks und Möglichkeiten.

Besichtigen Sie mehrere Grundstücke. Kaufen Sie nicht das erstbeste Objekt. Viel zu leicht entwickelt sich unbemerkt ein „Kaufrausch" und plötzlich meinen Sie, das angebotene Objekt sei die letzte freie Immobilie auf der Welt. Oberstes Gebot: Ruhe bewahren und Erfahrung sammeln.

Legen Sie Ihre persönliche Kaufpreissammlung an und tragen Sie Ihre Beobachtungen bei den Grundstücksbesichtigungen ein. Im Laufe der Zeit werden Sie feststellen, dass Sie auf immer mehr Besonderheiten achten, die Ihnen persönlich sehr wichtig sind.

Oft wird etwa die Frage vernachlässigt, ob das Grundstück nach Süden ausgerichtet ist. Wie sehr eine Immobilie subjektiv an Wert verlieren kann, zeigt sich an einem schönen Sommertag: Der Nachbar liegt in der Sonne, das eigene Grundstück liegt im Schatten des eigenen Hauses.

Würden Sie ein Objekt „sofort" kaufen, wäre Ihre Entscheidung sicher nur zufällig optimal. Profitieren Sie von den Ergebnissen Ihrer Kalkulation. Bringen Sie dies ruhig in Ihre Verhandlungen über den Kaufpreis ein.

Erbauseinandersetzung

Die Erfahrung hat gezeigt, dass bei intakten Familienverhältnissen die Verkehrswertermittlung von Grundstücken im Rahmen einer vorweggenommenen Erbfolge besonders sinnvoll ist.

Beispiel:

Der Vater hat ein Grundstück, das er seinen Kindern noch zu Lebzeiten übertragen will. Er unterhält sich mit den Kindern über seine Absicht. Es stellt sich heraus, dass ein Kind das Haus später selbst bewohnen möchte und an einem Alleineigentum interessiert ist.

Es stellt sich die Frage, welche Abfindungszahlungen das Kind an seine Geschwister zu zahlen hat, damit niemand benachteiligt ist. Dieses Problem kann durch eine Bewertung des Grundstücks leicht gelöst werden. Dabei ist ein formelles Gutachten in den meisten Fällen nicht erforderlich. Allen Beteiligten ist klar, dass das Grundstück „in der Familie" bleiben soll. Der Verkauf würde den ideellen Wert des Grundstücks für die Familie auch nicht annähernd einbringen.

Deshalb bewegen sich die Interessen in einer dreifachen gegenseitigen Abhängigkeit, die durch das nachstehende Dreieck verdeutlicht wird.

Praxis-Tipp:

Lösen Sie die Problematik mit einer Verkehrswertberechnung, die allen Beteiligten gerecht wird und gleichzeitig unnötige Kosten für ein formelles Gutachten erspart.

Kaufpreisaufteilung für die Steuer

Setzen Sie den Verkehrswert gezielt ein, um bei der Einkommensteuer Vorteile zu realisieren. Sorgen Sie dafür, dass Ihre Werbungskosten bei den Einkünften aus Vermietung und Verpachtung möglichst hoch sind. Das gelingt Ihnen, wenn das Finanzamt

Interessen im Falle einer vorweggenommenen Erbfolge

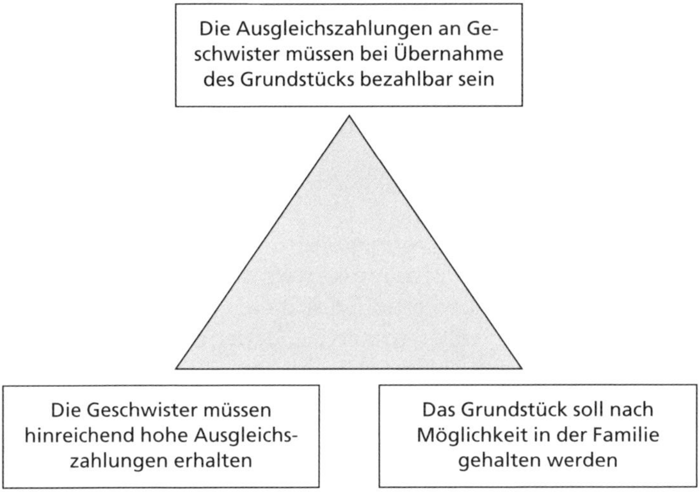

bei seinen Berechnungen einen hohen Wert für das Gebäude ansetzt. Der Wert für das Gebäude ist die Bemessungsgrundlage, die für die Absetzung für Abnutzung (AfA) entscheidend ist. Die Absetzung für Abnutzung erhöht die Werbungskosten. Sie zahlen umso weniger Steuern, je höher Ihre Werbungskosten sind.

Beispiel:

Sie kaufen ein bebautes Grundstück. Der Kaufpreis beträgt 1.000.000 EUR. Das Finanzamt muss bei der Einkommensteuer-Veranlagung des Kalenderjahrs, in dem Sie das Grundstück gekauft haben, entscheiden, wie hoch die AfA ist. Dabei stellt sich ein Problem: Die AfA bezieht sich nur auf das Gebäude, weil nur das Gebäude einem wirtschaftlichen Wertverzehr unterliegt. Der Grund und Boden nutzt sich nicht ab. Das Finanzamt muss deshalb den Kaufpreis in zwei Teile spalten. Ein Teil des Kaufpreises entfällt auf den nicht abnutzbaren Grund und Boden. Der andere Teil des Kaufpreises entfällt auf das Gebäude.

Praxis-Tipp:

Es ist egal, ob Sie mit Ihrem Grundstück Einkünfte aus Vermietung und Verpachtung erzielen oder Ihr Grundstück zu einem Betriebsvermögen gehört. In beiden Fällen ist es mit Blick auf die Absetzung für Abnutzung steuerlich optimal, wenn auf das Gebäude ein möglichst hoher Teil des Kaufpreises entfällt.

Bei den Einkünften aus Vermietung und Verpachtung erhöhen sich die sogenannten Werbungskosten. Bei den Einkünften aus einem Betriebsvermögen erhöhen sich die sogenannten Betriebsausgaben. In beiden Fällen sparen Sie Steuern.

Bei der Kaufpreisaufteilung haben Sie – zumindest theoretisch – verschiedene Möglichkeiten:

- Kaufvertrag
- 20 %-Methode
- Differenzierte Prozent-Methode
- Restwert-Methode
- Verhältnis der Verkehrswerte

Unangreifbar ist die Methode, die sich am Verhältnis der Verkehrswerte orientiert. Allerdings fallen Verkehrswerte nicht vom Himmel. Dazu benötigt auch das Finanzamt Berechnungen, die erst einmal erstellt werden müssen. Aus Vereinfachungsgründen begnügt man sich in der Praxis deshalb häufig durchaus auch mit anderen Methoden, wenn sich die Ergebnisse in einem plausiblen Rahmen bewegen. Einen Rechtsanspruch auf Anwendung einer vereinfachten Berechnung hat der Steuerzahler natürlich nicht.

Teilen Sie den Kaufpreis im Kaufvertrag auf

Es hat sich immer wieder gezeigt, dass Sie große Vorteile realisieren können, wenn Sie eine ganz bestimmte Tendenz durch eine entsprechende Formulierung im Kaufvertrag festlegen. Einigen Sie sich beispielsweise mit dem Verkäufer, dass 10 % auf den Grund und Boden entfallen und der Rest des Kaufpreises das Gebäude betrifft, liegt diese Aussage erst einmal auf dem Tisch. Vertritt das Finanzamt die Auffassung, dass 12,5 % oder 15 % auf den Grund und Boden entfallen, wird es sich überlegen, ob sich ein Streit bei dieser geringen Abweichung lohnt. Möglicherweise wird Ihre im Kaufvertrag dargelegte Auffassung akzeptiert.

Praxis-Tipp:

Übertreiben Sie im Kaufvertrag nicht, sondern versuchen Sie, realistische Aufteilungsverhältnisse niederzulegen. Das Finanzamt ist nicht an Ihre Aufteilung im Kaufvertrag gebunden. Treffen Sie jedoch ein plausibles Aufteilungsverhältnis, steigen Ihre Chancen, dass das Finanzamt Ihre Auffassung akzeptiert. Legen Sie daher keine willkürlichen und flüchtigen Zahlen fest.

20 %-Methode

Sehr oft wird die 20 %-Methode angewandt. Obwohl die Methode beliebt ist, muss sie keineswegs richtig sein. Sie führt aber auch nicht zwingend zu falschen Ergebnissen.

Die 20 %-Methode geht davon aus, dass 20 % des Kaufpreises pauschal auf den Grund und Boden entfallen. Folglich entsprechen 80 % des Kaufpreises der Bemessungsgrundlage für die Absetzung für Abnutzung.

Steuerlich interessant ist diese Methode für Sie, wenn das Gebäude sehr alt ist. Denn bei alten Gebäuden dürfte die Wertminderung wegen Alters des Gebäudes bei einer gleichzeitigen Wertsteigerung des Grund und Bodens dazu führen, dass wesentlich mehr vom Kaufpreis auf den Wert des Grund und Bodens entfallen. Das hätte für Sie die steuerlich nachteilige Folge, dass die Bemessungsgrundlage für die Absetzung für Abnutzung kleiner ist und demzufolge der Werbungskostenabzug ungünstiger ausfällt. Vermeiden können Sie dies mit dieser Aufteilungsmethode.

Beispiel:

Sie kaufen ein Zweifamilienhaus für 700.000 EUR. Das Grundstück ist 600 qm groß, der Bodenrichtwert beträgt 250 EUR/qm, das Einfamilienhaus wurde im Jahr 1985 bezugsfertig.

Bei der Kaufpreisaufteilung nach der 20 %-Methode rechnen Sie wie folgt:

Kaufpreis	700.000 EUR
davon 20 % pauschal für Grund und Boden	– 140.000 EUR
Bemessungsgrundlage für die Absetzung für Abnutzung, Anteil für das Gebäude	560.000 EUR

Praxis-Tipp:

Wendet das Finanzamt die 20 %-Methode an, können Sie das akzeptieren, wenn diese Aufteilung für Sie steuerlich optimal ist. Andernfalls rechnen Sie mit einer genaueren Methode.

Differenzierte Prozent-Methode

Teilweise hat sich in der Praxis eine differenzierte 20 %-Methode herausgebildet. Dabei werden unterschiedliche Prozentsätze, je nach den Verhältnissen im Einzelfall, zugrunde gelegt.

Gebäudeart	Anteil vom Kaufpreis auf den Grund und Boden	
	Großstadtlage	Mittelstadtlage
Wohngebäude	7 bis 15 %	9 bis 14 %
Wohn- und Geschäftshäuser mit einem Laden im Erdgeschoss	17 bis 21 %	7 bis 19 %
Büro- und Geschäftshäuser	17 bis 38 %	17 bis 20 %
Kaufhäuser mit guter Ausstattung	11 bis 23 %	13 bis 17 %
Einkaufszentren oder Selbstbedienungsmärkte mit einfacher Ausstattung	17 bis 23 %	9 bis 17 %

Restwert-Methode

Erfahrungsgemäß wird der Kaufpreis immer wieder auf dem Weg der sogenannten Restwert-Methode aufgeteilt. Das Ergebnis kann, muss aber nicht richtig sein. Der Bundesfinanzhof hält die Restwert-Methode zwar für unzulässig, dennoch werden viele Kaufpreise auf diese Weise aufgeteilt, weil das Verfahren sehr leicht anzuwenden ist und in gewisser Hinsicht zu plausiblen Ergebnissen führt.

Praxis-Tipp:
Sofern die Restwert-Methode bei Ihrer Einkommensteuer zu günstigen Ergebnissen kommt, brauchen Sie nichts gegen die Methode einwenden. Manche professionelle Gutachter halten ohnehin jegliche Aufteilung eines Kaufpreises für eine willkürliche Entscheidung. Dennoch muss bei der Steuer eine Entscheidung getroffen werden, die allen Parteien gerecht wird.

So rechnen Sie bei der Restwert-Methode:

Ermitteln Sie den Wert des Grund und Bodens, indem Sie die Grundstücksfläche in qm mit dem Bodenrichtwert in EUR pro qm multiplizieren. Ziehen Sie diesen Betrag vom einheitlich gezahlten Kaufpreis ab. Das Ergebnis ist die Bemessungsgrundlage für die Absetzung für Abnutzung und entfällt auf das Gebäude.

Beispiel:

Sie haben ein bebautes Grundstück in der Stadt gekauft. Das Gebäude befindet sich in einem schlechten Zustand und ist vor 1900 bezugsfertig geworden. Der Bodenrichtwert beträgt in der Kleinstadt 500 EUR pro qm. Das Grundstück ist 450 qm groß. Der Kaufpreis beträgt 300.000 EUR.

Kaufpreis	300.000 EUR
abzüglich Wert des Grund und Bodens, 450 qm × 500 EUR/qm =	225.000 EUR
Kaufpreisanteil für das Gebäude	75.000 EUR

Das Ergebnis ist unbefriedigend. Hier entfallen 75 % auf den Grund und Boden und nur 25 % auf das Gebäude. Ihre steuerlichen Vorteile aufgrund der Werbungskosten wären nur sehr klein. Für die Restwert-Methode spricht hier zwar, dass wegen des enormen Alters des Gebäudes nur wenig vom Kaufpreis auf das Gebäude entfallen kann. Dennoch ergibt sich ein deutliches Missverhältnis.

Praxis-Tipp:

Geben Sie sich in vergleichbaren Fällen nicht mit der Restwert-Methode zufrieden. Prüfen Sie, ob Sie mit der Kaufpreisaufteilung nach dem Verhältnis der Verkehrswerte zu günstigeren Ergebnissen kommen. Grund: Der Bundesfinanzhof hält die Aufteilung nach dem Verhältnis der Verkehrswerte für eine zutreffende Aufteilungsmethode.

Im Beispiel zur Restwert-Methode liegt es auf der Hand, dass Sie bereits mit der 20 %-Methode günstiger fahren würden. Bei so stark abweichenden Ergebnissen sollten Sie mit dem Finanzamt sprechen. Denn die Wahrheit kann bei diesen Extremfällen möglicherweise in der Mitte liegen.

Praxis-Tipp:

Die Restwert-Methode kann in Einzelfällen auch zu steuerlich günstigen Ergebnissen führen. Prüfen Sie deshalb in jedem Einzelfall, von welchem Ergebnis Sie mehr profitieren.

Nicht immer muss die Aufteilung nach dem Verhältnis der Verkehrswerte für Sie steuerlich optimal ausfallen. Warten Sie deshalb ab, ob das Finanzamt Ihrer bereits im Kaufvertrag vorgeschlagenen Aufteilungsmethode folgt oder es einen anderen akzeptablen Aufteilungsmodus ansetzt.

Aufteilungsmethode „Verhältnis der Verkehrswerte"

Die Erfahrung zeigt immer wieder, dass die Finanzgerichte eine Kaufpreisaufteilung akzeptieren, wenn das Verhältnis des Verkehrswerts des Grund und Bodens zum Verkehrswert des Gebäudes als Aufteilungsmaßstab angesetzt wurde.

Kaufpreisaufteilung

1. Bestimmen Sie das Verhältnis des Verkehrswerts des Grund und Bodens zum Verkehrswert des Gebäudes.
2. Bestimmen Sie das Verhältnis als Prozentsatz.
3. Bestimmen Sie mit dem Prozentsatz den Anteil des Gesamtkaufpreises, der auf das Gebäude entfällt.

So bestimmen Sie den Verkehrswert für den Grund und Boden:

Gehen Sie wie bei einem unbebauten Grundstück vor. Multiplizieren Sie den Bodenrichtwert in EUR pro qm mit der Grundstücksfläche.

So berechnen Sie den Verkehrswert für das Gebäude:

Gehen Sie wie bei einer Bewertung im Sachwertverfahren vor. Nutzen Sie alle Praktikerverfahren. Wenden Sie insbesondere folgende Verfahren an:

- Multiplizieren Sie den umbauten Raum in cbm mit dem Preis pro cbm in Mark. Rechnen Sie den Wert mit dem Baukosten-Index in einen aktuellen Wert in DM um, der nach dem amtlichen Umrechnungskurs in EUR umzurechnen ist. Ziehen Sie anschließend die Wertminderung wegen Alters ab.
- Rechnen Sie die tatsächlichen Herstellungskosten für das Gebäude in einen aktuellen Zeitwert um und ziehen Sie die Wertminderung wegen Alters ab.
- Wenden Sie die Gutachter-Faustregel an.

Praxis-Tipp:

Beachten Sie, dass Sie die Vorteile aus dieser Ermittlung in allen folgenden Jahren nutzen können, in denen Sie die Absetzung für Abnutzung als Werbungskosten in Ihrer Steuererklärung geltend machen. Daher zahlt sich Ihre Mühe im Laufe der Jahre wirklich aus.

Nebenkosten ebenfalls aufteilen

Die Nebenkosten sind für Sie bei der Kaufpreisaufteilung ebenfalls von entscheidender Bedeutung. Sie müssen eindeutig zugeordnet werden. Gehören die Kosten zum Grund und Boden, wirken sie sich steuerlich nicht aus. Entfallen die Nebenkosten auf das Gebäude, erhöhen sich die Werbungskosten. Das ist für Sie vorteilhaft.

Nutzen Sie die nachstehenden Checklisten, um die Zuordnung zutreffend durchzuführen.

Checkliste: Nebenkosten von unbebauten Grundstücken

Nebenkosten	Die Kosten betreffen	
	den Grund und Boden	das (spätere) Gebäude
Auflassungsgebühr	×	
Architektenhonorar		×
Baugenehmigung für das spätere Gebäude		×
Beiträge für Anlagen außerhalb des Grundstücks	×	
Beiträge, die von der Gemeinde eingezogen werden und das Eigentum an dem Grundstück betreffen	×	
Erschließungsbeiträge	×	
Fahrten zum Notar wegen der Verhandlungen über den Kaufvertrag	×	
Fahrtkosten, um das Grundstück zu besichtigen	×	
Grunderwerbsteuer	×	
Honorar für die Prüfung des Baugrundes		×
Kosten des Grundstücksmaklers	×	
Notargebühren für den Kaufvertrag	×	
Straßenanliegerbeiträge	×	

Checkliste: Nebenkosten von bebauten Grundstücken			
Nebenkosten	**Die Kosten betreffen**		
	Grund und Boden	Gebäude	Grund und Boden sowie Gebäude
Auflassungsgebühren			×
Baugenehmigung (Ausbau oder Erweiterung)		×	
Beiträge, die von der Gemeinde eingezogen werden und das Eigentum an dem Grundstück betreffen	×		
Erschließungsbeiträge	×		
Fahrten zum Notar wegen der Verhandlungen über den Kaufvertrag			×
Fahrtkosten, um das Grundstück zu besichtigen			×
Grunderwerbsteuer			×
Kosten des Grundstücksmaklers			×
Notargebühren für den Kaufvertrag			×
Straßenanliegerbeiträge	×		

Praxis-Tipp:

Soweit Kosten sowohl den Grund und Boden als auch das Gebäude betreffen, sind diese Kosten ebenfalls in die Aufteilung einzubeziehen.

Beispiel:

„Verhältnis der Verkehrswerte"

Sie kaufen ein Wohnhaus für 2.200.000 EUR. Das Gebäude wurde 1981 bezugsfertig. Der Grund und Boden ist 900 qm groß. In einem Telefonat hat Ihnen der Sachbearbeiter des Gutachterausschusses mitgeteilt, dass der aktuelle Bodenrichtwert für dieses Grundstück 220 EUR pro qm beträgt. Der Verkäufer hat Ihnen mitgeteilt, dass er für das Gebäude im Jahr 1981 Herstellungskosten in Höhe von 800.000 EUR aufgewandt hat.

1. Ermittlung des Verhältnisses: Verkehrswert des Grund und Bodens zu Verkehrswert des Gebäudes

   Verkehrswert des Grund und Bodens
   900 qm × 220 EUR/qm = 198.000 EUR

   Verkehrswert des Gebäudes
   Indizierte Baukosten =

   $$\left[\text{tatsächliche Herstellungskosten} \times \frac{\text{Index für das Jahr 2013}}{\text{Index für das Jahr 1981}}\right]$$

   $$= \left[800.000 \text{ EUR} \times \frac{2.685,5}{1.386,3}\right]$$

   = 1.549.737 EUR

   Absetzung für Abnutzung für 30 Jahre, also 30 % von 1.549.737 EUR = – 464.921 EUR

Gebäudewert	1.084.816 EUR	1.084.816 EUR
Verkehrswert insgesamt		**1.282.816 EUR**

2. Ermittlung des Verhältnisses als Prozentsatz

Verkehrswert für das gesamte bebaute Grundstück	1.282.816 EUR	100,0 %
Verkehrswert Grund und Boden	198.000 EUR	15,4 %
Verkehrswert Gebäude	1.084.816 EUR	84,6 %

3. Anwendung des Prozentsatzes auf den Kaufpreis

   Kaufpreis 2.200.000 EUR

   Davon entfallen 84,6 % auf das Gebäude.

   2.200.000 EUR (Kaufpreis) × 84,6 % = 1.861.200 EUR

   Das Finanzamt wird als Bemessungsgrundlage für die Absetzung für Abnutzung den Betrag von 1.861.200 EUR anerkennen, weil er nach dem Verhältnis der Verkehrswerte ermittelt worden ist. Die nach Verkehrswerten berechnete Aufteilungsmethode wird auch von den Finanzgerichten anerkannt.

Die beste Methode feststellen

Prüfen Sie im Einzelfall, welche Methode zum steuerlich günstigsten Ergebnis führt. Nutzen Sie dazu die nachstehende Checkliste. Tragen Sie in die Checkliste alle Bewertungsdaten ein, die Sie für das Grundstück ermitteln konnten. Treffen Sie am Ende die zutreffende Entscheidung, die sich aus der Checkliste ergibt.

So hat das Finanzamt gerechnet

1. Kaufpreis	700.000 EUR	100 %
2. Anteil Grund und Boden laut Finanzamt	260.000 EUR	37 %
3. Anteil Gebäude laut Finanzamt	440.000 EUR	63 %

Methode „Verhältnis der Verkehrswerte“

Verkehrswert Grund und Boden
Bodenrichtwert × Grundstücksfläche

4. 230 EUR/qm × 582 qm	133.860 EUR	16 %
5. Verkehrswert Gebäude	680.500 EUR	84 %
6. Verkehrswert insgesamt, nicht abgerundet	814.360 EUR	100 %

Kaufpreisaufteilung nach dem Verhältnis der Verkehrswerte

7. Kaufpreis	100 %	700.000 EUR
8. Anteil Grund und Boden	16 %	115.062 EUR
9. Anteil Gebäude	84 %	584.938 EUR

20 %-Methode

10. Kaufpreis	700.000 EUR	100 %
11. Grund und Boden pauschal 20 %	140.000 EUR	20 %
12. Anteil Gebäude folglich	560.000 EUR	80 %

Restwert-Methode

13. Kaufpreis	700.000 EUR	100 %
14. Grund und Boden mit dem Verkehrswert 230 EUR/qm × 582 qm	133.860 EUR	19 %
15. Anteil Gebäude folglich	566.140 EUR	81 %

Fazit: Günstigste Methode

16. Höchsten Betrag aus Nummer
3, 9, 12 oder 15 eintragen
Ergebnis: Nummer 10, Methode „Verhältnis der Verkehrswerte“

8

Anwendungsbeispiele

Tragen Sie die Daten für Ihre Entscheidung in das nachstehende unausgefüllte Muster ein:

So hat das Finanzamt gerechnet

1. Kaufpreis		....	100 %
2. Anteil Grund und Boden laut Finanzamt		....	
3. Anteil Gebäude laut Finanzamt		....	

Methode „Verhältnis der Verkehrswerte“

Verkehrswert Grund und Boden
Bodenrichtwert × Grundstücksfläche

4. ...... EUR/qm × ...... qm		....	
5. Verkehrswert Gebäude		....	
6. Verkehrswert insgesamt, nicht abgerundet		....	100 %
Kaufpreisaufteilung nach dem Verhältnis der Verkehrswerte			
7. Kaufpreis	100 %	....	
8. Anteil Grund und Boden		....	
9. Anteil Gebäude		....	

20 %-Methode

10. Kaufpreis	....	100 %
11. Grund und Boden pauschal 20 %		
12. Anteil Gebäude folglich	....	
13. Kaufpreis	....	100 %
14. Grund und Boden mit dem Verkehrswert ...... EUR/qm × ...... qm	....	
15. Anteil Gebäude folglich	....	

Fazit: Günstigste Methode

16. Höchsten Betrag aus Nummer 3, 9, 12 oder 15 eintragen	....

Steuervorteile bei Entnahme aus einem Betriebsvermögen

Julius S. ist Juwelier und ledig. Für sein Geschäft nutzt er sein eigenes Geschäftshaus. Im Jahr 2013 verlegt er sein Geschäft an einen noch besseren Standort in der Innenstadt und nutzt seinen bisherigen Laden zu Wohnzwecken.

Das Finanzamt hat im Rahmen einer Betriebsprüfung für den bisherigen Laden einen Wert von 1.100.000 EUR unterstellt. In seiner Bilanz hat Julius S. für sein Grundstück einen Buchwert von insgesamt 200.000 EUR ausgewiesen.

Auf Julius S. kommt eine erhebliche Steuerbelastung zu. Das Finanzamt muss die Nutzungsänderung des Ladens als eine Privatentnahme aus dem Betriebsvermögen behandeln. Julius S. hat also sein Grundstück aus dem betrieblichen Bereich in den privaten Bereich überführt. Für diese Nutzungsänderung berechnet das Finanzamt einen sogenannten Entnahmegewinn, der voll steuerpflichtig ist.

Das Finanzamt rechnet wie folgt:

Entnahmewert des Grundstücks laut Betriebsprüfung	1.100.000 EUR
Buchwert laut Bilanz	200.000 EUR
Entnahmegewinn	900.000 EUR

Dieser Entnahmegewinn erhöht das zu versteuernde Einkommen des Jahres 2013 in voller Höhe. Der Juwelier Julius S. hat für das Jahr 2013 – ohne den Entnahmegewinn – ein zu versteuerndes Einkommen von 300.000 EUR. Das zu versteuernde Einkommen beträgt nach Entnahmegewinn 1.200.000 EUR. Das führt zu einer Erhöhung der Einkommensteuer. Der Nachteil ist beachtlich und hängt vom individuellen Einkommensteuersatz ab. Bei einem angenommenen Steuersatz von 40 % sind zusätzlich 40 % des Unterschiedsbetrags von 900.000 EUR an das Finanzamt zu zahlen. Die Betriebsprüfung führt somit zu einer um 360.000 EUR höheren Einkommensteuer!

Gerade hier lohnt es sich, den von der Betriebsprüfung des Finanzamts angesetzten Wert zu überprüfen. Sofern Ihre überschlägige Berechnung unterhalb des von der Betriebsprüfung angesetzten Werts liegt, führt das zu entsprechend hohen Einsparungen bei der Einkommensteuer.

Praxis-Tipp:
In diesen Fällen brauchen Sie grundsätzlich kein formelles Gutachten eines öffentlich bestellten und vereidigten Sachverständigen oder des örtlichen Gutachterausschusses. Es ist vollkommen ausreichend, eine Besprechungsgrundlage zu präsentieren, die einen niedrigeren Wert ausweist.

Selbstverständlich müssen Sie diese Besprechungsgrundlage auf stabile Füße stellen. Wenden Sie daher eine der Ermittlungs-Methoden an und erläutern Sie diese.

Sofern sich das Finanzamt auf Ihre Berechnung einlässt, können Sie sich freuen. Lehnt das Finanzamt den von Ihnen berechneten Wert jedoch ab, können Sie immer noch überlegen, ob Sie Ihre Auffassung mit einem formellen Gutachten untermauern wollen.

Lassen Sie sich bei dieser Überlegung von einem Aspekt entscheidend leiten: Für Sie lohnt sich ein formelles Gutachten nur, wenn Sie trotz der entstehenden Gutachterkosten in erheblichem Umfang Einkommensteuer sparen.

Praxis-Tipp:
Fragen Sie beim Finanzamt genau nach, wie die Betriebsprüfung zu dem angesetzten Wert des Grundstücks gekommen ist. Sofern die Betriebsprüfung einen verwaltungsinternen Bausachverständigen mit einem Gutachten beauftragt hat, bitten Sie um die Berechnungsdaten.

In diesem Fall prüfen Sie das Gutachten. Haben Sie danach immer noch Bedenken gegen den vom Finanzamt angesetzten Wert, sollten Sie auf jeden Fall mit dem Betriebsprüfer diskutieren und dabei auch Ihre Berechnungsdaten vorlegen. Da kein theoretisch ermittelter Wert eines Grundstücks über jeden Zweifel an der Richtigkeit erhaben ist, kann ein sachlich geführtes Gespräch zwischen den unterschiedlichen Auffassungen vermitteln.

Der Grund: Das Finanzamt muss das Risiko eines Prozesses abwägen. Die Finanzgerichte sehen das Gutachten des internen Bausachverständigen der Finanzverwaltung als Parteigutachten an. Somit wird das Finanzgericht möglicherweise das Gutachten eines öffentlich bestellten und vereidigten Sachverständigen anfordern. Auch die Gutachten der örtlichen Gutachterausschüsse werden als objektives Wertgutachten anerkannt.

Sofern Ihr überschlägig ermittelter Grundstückswert nur 700.000 EUR beträgt, berechnet sich Ihr Entnahmegewinn wie folgt:

Wert des Grundstücks	700.000 EUR
Buchwert	200.000 EUR
Entnahmegewinn	500.000 EUR

Gegenüber der bisher von der Betriebsprüfung geforderten Einkommensteuernachzahlung kommt es daher zu einer gravierenden Entlastung.

Achtung! Einlage von Grundstücken in ein Betriebsvermögen

Die gleichen Regeln gelten mit umgekehrten Vorzeichen, wenn Sie ein Grundstück in ein Betriebsvermögen einlegen.

Das Finanzamt wird den Entnahmegewinn oder einen Veräußerungsgewinn versteuern, sobald das Grundstück Ihr Betriebsvermögen wieder verlässt. Das kann zwar einige Jahre dauern, aber es ist für Sie umso günstiger, je höher der Einlagewert ist.

Praxis-Tipp:

Achten Sie daher darauf, dass Ihr Grundstück auf keinen Fall unter Wert im Betriebsvermögen ausgewiesen wird.

Kontrollieren Sie, ob der Einlagewert hoch genug ist. Grund: Je höher der Einlagewert, desto kleiner wird später der Entnahmegewinn ausfallen.

Vorteile bei der Erbschaftsteuer

Louis R. erbt von einem guten Freund ein Zweifamilienhaus mit zwei gleich großen Wohnungen. Das Zweifamilienhaus wurde 1933 errichtet und hat eine Wohnfläche von insgesamt 240 qm. Auf dem örtlichen Wohnungsmarkt kann pro Wohnung im Durchschnitt eine Jahresmiete von 10.000 EUR erzielt werden. In der Jahresmiete sind keine Betriebskosten enthalten.

Das Finanzamt hat einen Grundbesitzwert von 450.000 EUR festgestellt.

Der vom Finanzamt berechnete Grundbesitzwert erscheint recht hoch. Grund: Das tatsächliche Alter des Gebäudes ist in der Berechnung des Finanzamts kaum berücksichtigt worden. Das Finanzamt hat bei der Berechnung aber keinen Ermessensspielraum. Die Vorgaben des Bewertungsgesetzes sind im angenommenen Beispielsfall nicht zu beanstanden. Diesbezügliche Diskussionen sind deshalb nicht erfolgversprechend.

Escape-Klausel: Antrag und Nachweis

Ihre Chancen, Steuervorteile zu erzielen, liegen im Bewertungsgesetz. Beantragen Sie zulässigerweise den Ansatz des niedrigeren gemeinen Werts des Grundstücks.

Diesen Antrag stellen Sie, indem Sie ein Kästchen im Erklärungsvordruck ankreuzen. Ob sich dieser Antrag lohnt, können Sie oft erst beurteilen, wenn Sie den Bescheid des Finanzamts über die Feststellung des Grundbesitzwerts in Händen halten. Erst in diesem Moment sehen Sie, ob der vom Finanzamt angesetzte Wert wirklich zu hoch ist.

Der Antrag ist erfolgreich, wenn ein ganz bestimmter Nachweis gelingt: Es muss nachgewiesen werden, dass der vom Finanzamt festgestellte Grundbesitzwert zu hoch ist.

Nach den geltenden und für die Finanzämter verbindlichen Richtlinien geht das nur, wenn Sie ein formelles Gutachten eines öffentlich bestellten und vereidigten Sachverständigen vorlegen. Das Finanzamt akzeptiert auch ein Gutachten des örtlichen Gutachterausschusses.

Praxis-Tipp:

Gutachterausschüsse sind bei den Gemeinden oder Kreisverwaltungen angesiedelt. Rufen Sie bei Ihrer Gemeindeverwaltung oder Kreisverwaltung an und verlangen Sie den Gutachterausschuss.

Für Louis R. ist es deshalb sinnvoll, zunächst überschlägig auszurechnen, ob sich ein formelles Gutachten auch tatsächlich lohnt.

Berechnung des tatsächlichen Werts des Zweifamilienhauses:

Wert des Grund und Bodens			
500 qm × 150,00 EUR/qm			→ 75.000,00 EUR
Wert des Gebäudes			
1000 cbm			
× 24,00 EUR/cbm (Kosten 1913)			
× 1.373,0 % (Euro-)Index des Jahres 2013		→ 329.520 EUR	
Alterswertminderung			
Baujahr	1933		
Bewertungsjahr	2013		
Alter	80 Jahre		
Lebensdauer	100 Jahre		
Alterswertminderung mithin 78,00 %			
höchstens jedoch 70,00 %		→ – 230.664 EUR	
Gebäudewert		98.856 EUR	→ 98.856 EUR
Außenanlagen oder Zuschlag Außenanlagen			2.500 EUR
Summe			176.335 EUR
Wert des Grundstücks, abgerundet			176.000 EUR

8

Allein aufgrund der überschlägigen Berechnung des tatsächlichen Werts ergibt sich eine erhebliche Wertdifferenz.

Vom Finanzamt angesetzter Grundbesitzwert	450.000 EUR
Wert des Grundstücks lt. überschlägiger Berechnung	176.000 EUR
Differenz (mindert die Steuer)	274.000 EUR

Praxis-Tipp:

Nutzen Sie in einem solchen Fall die Vorteile der Wertdifferenz. Sie haben die Chance, in erheblichem Maße Steuern zu sparen.

Die Differenz der Grundstückswerte führt bei der Erbschaftsteuer zu einer erheblichen Entlastung. Bei einem Steuersatz von 30 % ergibt sich ein Steuervorteil von
274.000 EUR × 30 % = 82.200 EUR!

Der Steuervorteil kann noch höher ausfallen, wenn der Gutachter zu einem noch niedrigeren Wert kommt oder der Steuersatz höher ist.

Praxis-Tipp:

Bevor Sie ein Gutachten in Auftrag geben, müssen Sie aber unbedingt wissen, ob sich die Kosten für das Gutachten auch lohnen. Die Steuereinsparung muss daher groß genug sein, damit Sie die Kosten für das Gutachten wieder wettmachen.

Es ist nicht weiter schlimm, wenn Sie den Antrag auf den niedrigeren gemeinen Wert beim Finanzamt nicht von vornherein gestellt haben. Diese Möglichkeit besteht auch dann noch, wenn Sie den Bescheid über den Grundbesitzwert in Händen halten. Dann ist allerdings Eile geboten. Lassen Sie nicht die Rechtsbehelfsfrist verstreichen!

Vorteile	Nachteile
Das Finanzamt akzeptiert einen niedrigeren Verkehrswert für die Berechnung der Erbschaftsteuer.	Das Finanzamt gibt sich in diesem Fall nicht mit einer überschlägigen Berechnung zufrieden. Sie müssen daher regelmäßig einen öffentlich bestellten und vereidigten Sachverständigen beauftragen, ein formelles Gutachten zu erstellen.
Mit dem Nachweis des niedrigeren Grundstückswerts können deutliche Steuervorteile erzielt werden.	Ein gewisses Restrisiko bleibt bei Ihnen: Das Finanzamt kann das Gutachten inhaltlich ablehnen. Dann schließt sich ein Streit über die Richtigkeit des Gutachtens an. Ist das Gutachten inhaltlich korrekt, ist Ihr Risiko sehr klein.

Wichtig: Sie kommen nur dann in den Genuss der Steuerminderung, wenn Sie gegen den Bescheid über den Grundbesitzwert innerhalb eines Monats nach Bekanntgabe des Bescheids Einspruch einlegen.

Versäumen Sie dies, haben Sie nur noch wenig Chancen auf einen Steuervorteil. Warten Sie auf keinen Fall bis zum Bescheid über die Erbschaftsteuer. Denn das Finanzamt behandelt den Bescheid über den Grundbesitzwert als sogenannten „Grundlagenbescheid". Ist die Einspruchsfrist für diesen Grundlagenbescheid verstrichen, sind Ihre Steuervorteile im Allgemeinen dahin.

Sie brauchen dem Einspruchsschreiben noch kein Gutachten beizufügen. Das Gutachten können Sie nachreichen. Es ist aber zwingend erforderlich, die Fristen des Finanzamts zu stoppen. Sonst hilft auch kein Gutachten.

Musterschreiben:
Einspruch gegen einen Bescheid über den Grundbesitzwert

Louis R.

Viersen, 19.4.XXXX

An das
Finanzamt Viersen

Feststellung des Grundbesitzwerts für das Grundstück Bismarckstraße 46 in Viersen

Sehr geehrte Damen und Herren,

hiermit lege ich gegen den Bescheid vom 13.4.XXXX über die Feststellung des Grundbesitzwerts zum 1.12.XXXX form- und fristgerecht

Einspruch

ein. Ich bitte, den festgestellten Grundbesitzwert nicht für Zwecke der Erbschaftsteuer heranzuziehen, weil der tatsächliche gemeine Wert des Grundstücks niedriger als der von Ihnen festgestellte Grundbesitzwert ist.

Ich beantrage daher, den Bescheid über die Feststellung des Grundbesitzwerts gemäß § 172 Abgabenordnung zu ändern.

Begründung

Nach meinen Berechnungen ergibt sich ein gemeiner Wert von 170.000 EUR. Die Ermittlung des gemeinen Werts füge ich als Anlage bei. Die Wertabweichung ist im Wesentlichen darauf zurückzuführen, dass sich unter Berücksichtigung des tatsächlichen Baujahrs von 1933 bei der Berechnung des gemeinen Werts eine wesentlich höhere Alterswertminderung ergibt.

Sie können das Grundstück und die Gebäude nach Terminvereinbarung gerne besichtigen, um meine Angaben zu überprüfen.

Ich beantrage gemäß § 198 Bewertungsgesetz, den niedrigeren gemeinen Wert für das Grundstück festzustellen und den oben genannten Bescheid entsprechend zu ändern.

Mit freundlichen Grüßen

Louis R.

Regelmäßig werden nur formelle Gutachten anerkannt

Sie müssen damit rechnen, dass das Finanzamt die von Ihnen eingereichte Ermittlung des niedrigeren gemeinen Werts nicht akzeptiert. Grund: Die Finanzämter sind durch bundeseinheitliche „Erbschaftsteuer-Richtlinien" daran gebunden, „regelmäßig" ein formelles Gutachten anzufordern. Dennoch ist es nicht aussichtslos, zunächst in dieser Weise vorzugehen. Möglicherweise ergeben sich in Ihrem Besteuerungsfall Besonderheiten, die es dem Finanzamt ermöglichen, Ihrer Berechnung zu folgen. Das hätte den Vorteil, dass Sie die Kosten für das formelle Gutachten einsparen. Verlangt das Finanzamt ein formelles Gutachten, müssen Sie dieses Gutachten fristgerecht einreichen.

Praxis-Tipp:
Sofern Ihnen der Gutachter von vornherein sagt, dass er die vom Finanzamt gesetzte Frist nicht einhalten kann, beantragen Sie umgehend beim Finanzamt eine entsprechende Fristverlängerung.

Im Allgemeinen wird das Finanzamt die Fristverlängerung problemlos gewähren. Hört das Finanzamt dagegen nichts von Ihnen, entscheidet das Finanzamt über Ihren Einspruch mit einer sogenannten Einspruchsentscheidung. Mit dieser Einspruchsentscheidung wird Ihr Antrag abgelehnt, weil Sie keine ausreichende Begründung eingereicht haben. Sie können dann zwar mit dem Gutachten immer noch Ihren Steuervorteil realisieren. Allerdings müssten Sie Klage beim zuständigen Finanzgericht erheben. Dabei steht eins von vornherein fest: Die Kosten für das finanzgerichtliche Verfahren gehen zu Ihren Lasten, weil Sie die vom Finanzamt gesetzten Fristen nicht beachtet haben. Vermeiden Sie das und beantragen Sie rechtzeitig Fristverlängerung.

Sobald Sie das formelle Gutachten Ihres Gutachters in Händen halten, können Sie Ihren Einspruch endgültig begründen. Reichen Sie das formelle Gutachten zusammen mit der Einspruchsbegründung beim Finanzamt ein.

Musterschreiben: Einspruchs-Begründung

Louis R.

Viersen, 20.5.XXXX

An das Finanzamt Viersen

Feststellung des Grundbesitzwerts für das Grundstück Bismarckstraße 46 in Viersen

Ihr Schreiben vom 2.5.XXXX

Sehr geehrte Damen und Herren,

Bezug nehmend auf Ihr oben genanntes Schreiben begründe ich meinen Einspruch durch Nachweis des niedrigeren gemeinen Werts für das oben bezeichnete Grundstück gemäß § 198 Bewertungsgesetz. Ich beantrage, den niedrigeren gemeinen Wert von 175.000 EUR festzustellen, der sich aus dem Gutachten des öffentlich bestellten und vereidigten Sachverständigen Thomas B. ergibt. Das Gutachten ist beigefügt.

Ich bitte den Bescheid vom 13.4.XXXX gemäß § 172 Abgabenordnung zu berichtigen.

Mit freundlichen Grüßen

Louis R.

Sondervorteile bei tatsächlichen Kaufpreisen

Einfach wird die Steuerentlastung, wenn Ihr Grundstück in zeitlicher Nähe zum Besteuerungszeitpunkt verkauft worden ist. Der Kaufpreis muss dabei aber im „gewöhnlichen Geschäftsverkehr" zustande gekommen sein. Einen Verkauf unter Verwandten oder nahen Angehörigen wird das Finanzamt deshalb kritisch unter die Lupe nehmen.

Auch wenn das Grundstück im Rahmen einer Zwangsversteigerung den Besitzer gewechselt hat, wird das Finanzamt den Kaufpreis als Nachweis im Allgemeinen ablehnen. Das gilt auch bei einem Verkauf aus einer Notsituation heraus. Grund: Der Kaufpreis ist nicht unter üblichen Marktbedingungen zustande gekommen und spiegelt deshalb nicht den objektiven Wert des Grundstücks wider.

Praxis-Tipp:

Wenn Ihr Grundstück innerhalb von drei Jahren vor dem Besteuerungszeitpunkt verkauft wurde, haben Sie eine gute Chance. In diesem Fall brauchen Sie kein formelles Gutachten mehr! Wenn der tatsächlich gezahlte Kaufpreis unter dem vom Finanzamt ermittelten Grundbesitzwert liegt, gilt bei der Erbschaft-/Schenkungsteuer der niedrigere Kaufpreis. Es fallen also keinerlei Gutachterkosten an. Es gibt kein Risiko.

Wichtig: Das gilt auch, wenn Sie einen niedrigeren Kaufpreis für Ihr Grundstück nachweisen können, der innerhalb von drei Jahren nach dem Besteuerungszeitpunkt erzielt worden ist.

Musterschreiben: Niedrigerer Kaufpreis

Louis R.

Viersen, 22.4.XXXX

An das Finanzamt Viersen

Sehr geehrte Damen und Herren,

hiermit lege ich gegen den Bescheid vom 13.4.XXXX über die Feststellung des Grundbesitzwerts vom 1.2.XXXX form- und fristgerecht

Einspruch

ein. Ich bitte den festgestellten Grundbesitzwert nicht für Zwecke der Erbschaftsteuer heranzuziehen, weil der tatsächliche gemeine Wert des Grundstücks niedriger ist als der von Ihnen festgestellte Grundbesitzwert.

Ich beantrage daher, den Bescheid über die Feststellung des Grundbesitzwerts gemäß § 172 Abgabenordnung zu ändern.

Begründung

Unter Bezugnahme auf RB 198 ErbStR 2011 beantrage ich gemäß § 198 Bewertungsgesetz statt des von Ihnen festgestellten Grundbesitzwerts von 450.000 EUR den innerhalb eines Jahres vor dem Besteuerungszeitpunkt zustande gekommenen Kaufpreis von 198.000 EUR als Grundbesitzwert festzustellen.

Der Kaufpreis ist im gewöhnlichen Geschäftsverkehr zustande gekommen. Ich bitte diesen Wert ohne Wertkorrekturen als Grundstückswert festzustellen.

Mit freundlichen Grüßen

Louis R.

Stichwortverzeichnis

9